Para Uwe
Y a mi padre

He dicho que el Che Guevara no murió; Que su muerte era un planeado incluso, un guión de pantalla. Para responder por qué, tuve que hacer otras preguntas.
¿Por qué necesitabas un héroe?
¿Por qué comenzar una revolución bajo la nariz de Norteamérica?
¿Por qué necesitabas saquear Angola de sus recursos?
¿A quién necesitas crear para producir tal espectro?

El hombrecillo que estaba en la esquina tenía todos los recursos que necesitaba para crear "Otro Nuevo Orden Mundial". Ese hombre era Gabriel García Márquez.

Como algunas de las declaraciones son sorprendentes; Los hechos con su dirección pertinente se adjuntan en el texto.

Evelyn Guevara Lohmann

# Gabriel García Márquez el creador de Che Guevara

*Bibliografische Information der Deutschen Nationalbibliothek:*
*Die Deutsche Nationalbibliothek verzeichnet diese Publikation in der Deutschen Nationalbibliografie; detaillierte bibliografische Daten sind im Internet über http://dnb.dnb.de abrufbar.*



*Illustration:* Evelyn Lohmann

*Herstellung und Verlag: BOD – Books on Demand, Norderstedt*

*ISBN:* 9783744895835

Este libro es para explicar, cómo y quién, participaron en la fabricación de un héroe de la propaganda Che Guevara. Es seguro decir la familia Guevara, no eran la familia paterna de este héroe, la familia Jurado; Entre ellos abogados internacionales, estrellas de cine, estadistas mexicanos.
La Ciudad de México fue la casa de Gabriel García Márquez; Sus amigos eran estadistas de todo el mundo. En México tuvo el elate del mundo del espectáculo, abogados internacionales, estrellas de cine, productores de cine para ofrecer apoyo, conectó la CIA y la mafia del mundo de la droga.

Utilizaron el mismo guión repetidamente; Dio a sus actores diferentes nombres. Construido una red de espionaje alrededor del mundo.

Gabriel García Márquez poseía y dirigía grandes grupos de periódicos, poseía y organizaba collages para periodistas y productores de cine, propiedad de estaciones de televisión y radio. Gabriel García Márquez fue asesor de los líderes políticos de Panamá y las Américas del Sur; Presidentes, Fidel Castro y Bill Clinton.

Gabriel García Márquez era el hombre de la esquina.

Me disculpo por usar un programa de traducción por computadora. Un guión de fantasía para una película no debe ser pensado como historia verdadera.
Los esplas CIA mentiras elterrorista Che Guevara' explica por qué estaba buscando.

Lista de capítulos
Gabriel García Márquez,
el creador del Che Guevara.

## Capítulo uno.
## ¿Otro Nuevo Orden Mundial?

Preguntas que estaba empezando a hacer.
¿Por qué colocar una revolución bajo la nariz de los Estados Unidos? Cuba está a unos 80 kilómetros de distancia.
¿Por qué aparece el nombre de Gabriel García Márquez sin importar dónde estoy investigando?

-Era el mejor amigo de Fidel Castro.
Asesor de Ciro Bustos en Bolivia, como se afirma en su libro "Che quiere verte".

-¿Fue director de escena de Ciro / Che Guevara?
¿Gabriel García Márquez quería un nuevo orden mundial?

Fidel y Gabo. Un retrato de la legendaria amistad entre Fidel Castro y Gabriel García Márquez. El libro escrito por Angel Esteban y Stephanie Panichelli me ha dado algunas de las respuestas que he estado buscando.

En su introducción preguntan ¿fue realmente la revolución de Cuba? Lo siguiente que dicen es Gabriel García Márquez se movió en los círculos políticos, refiriendo las propuestas de país a país, como embajador de Fidel Castro!

La asociación de Gabriel García Márquez con Fidel Castro comenzó en 1948 en Bogotá, al igual que la asociación con Alfredo Guevara, quien se convertiría en el jefe del ICAIC. 'Insitituto Cubano del Arte e Industria Cinematograficos'. También estuvo allí con los estudiantes de los disturbios, cuando Jorge Eliécer Gaitán. El líder liberal de la oposición en Colombia fue fusilado.

Hay tres de mis actores en las callejuelas de Bogotá, cuando un líder político fue asesinado. Que el grupo tenía que ir a la embajada de Cuba, ya que se decía que los comunistas cubanos estaban detrás de la insurrección. No eran hombres ordinarios tener un día fuera!

Alfredo Guevara pasa los primeros años cincuenta en México con el productor Manuel Barbachano Ponce quien, sin olvidarse, produjo una revista de cine en Cuba; al mismo tiempo.

Gabriel García Márquez con Alfredo Guevara, Santiago Álvarez y Tomas Gutiérrez Ale junto con Julio García Espinosa participaron en el periódico político "Nuestro Tiempo" durante los años cincuenta.

Julio García Espinosa y Tomas Gutiérrez Ale se trasladaron a Roma para estudiar cine en el Centrol Sperimentale-Neorealism, donde encontramos a Gabriel García Márquez como asistente y guionista.

Angel Esteban y Stephanie Panichelli declaran que Jon Lee Anderson entrevistó a Gabriel García Márquez en 1958. 1958. (Jon Lee Anderson fue el que escribió el Che Guevara, una vida revolucionaria, un libro de ficción absorbente y convincente).

Jon Lee Anderson fue invitado a escribir este libro y pasó tres años con la segunda esposa del Che, Aleida March Torres. Sin olvidar que también pasó un año

En Malmo. Vivía en el piso sobre Che / Ciro Bustos mientras construía el libro.

En la entrevista de Jon Lee Anderson con Gabriel García Márquez. Gabriel García Márquez dijo que era un amigo cercano del dictador general Omar Torrijos de Panamá, y que había viajado en la Unión Soviética. En sus artículos de 1957/1958 escribe que había visitado la tumba de otro dictador en la Plaza Roja, Stalin. (¿Estaba recogiendo dictadores?)

Gabriel García Márquez había publicado, el 18 de abril de 1958, «Mi hermano Fidel», el año en que conoció a Elisabeth Burgos-Debray. (Otra actriz de la obra, en ese momento no estaba casada con Regis Debray, estaban casadas en Camiri, para alegrar su estancia en la cárcel o añadir romance a la escena de la prisión).

Gabriel García Márquez iba a pedirle que lo llevara al círculo íntimo de la élite revolucionaria; Fue miembro del Partido Comunista Venezolano en 1958. También puede verla sentada con Fidel Castro cuando era muy joven.

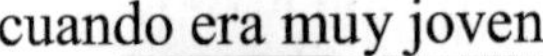

Interviews Document Long but Largely Ignored anti-Castro Guerrilla War from ...
hoover.org
Esta dama inventó la Biografía de Ribogerta Menchú con la idea de correr la agitación en Guatemala. Ella y Regis Debray hicieron los arreglos para la aventura boliviana del Che. Se trasladó a Chile para apoyar a Salvador Allende. En cuanto a Regis Debray estuvo involucrado en la Revolución Cubana en su inicio.

Los amigos están empezando a aparecer en esta página, los libros de Regis Debray estaban siendo impresos por Giangiacomo Feltrinelli, que se podía encontrar en Bolivia al mismo tiempo que la parte de la muerte del Che Guevara; Él tenía con él $ 50.000.000 para facilitar la planificación.

Si hubiera un héroe podría haber sido Jorge Ricardo Masitti. Se le entregó el periódico Prensa Latina; Dice el Che Guevara. Gabriel García Márquez también escribió para esta noticia. Había comenzado con Apuleyo Mendoza la Revista, 'Acción Liberal'.

Rodolfo Walsh fue el responsable de los servicios especiales de Prensa Latina. Gabriel García Márquez, Jorge Ricardo Masitti y Rodolfo Walsh!

Se dijo que los tres eran amigos íntimos; Jorge Ricardo Masitti acaba de interceptar un masaje de la CIA que es capaz de decodificar. Los tres hacen un plan de contador para los preparativos de la CIA para la invasión de la Bahía de Cochinos. Gabriel

García Márquez inmortalizó este incidente en sus 'Recuerdos de periodista', publicados en 1981.

Gabriel García Márquez, Jorge Ricardo Masitti y Rodolfo Walsh deben haber estado cerca del gobierno cubano para ofrecerles un contrapunto.

Gabriel García Márquez dice que se quedó fuera de la invasión de la Bahía de Cochinos en Nueva York. Tenía la intención de abrir una oficina de Prensa Latina en Canadá. En cambio, fue detenido en la oficina de prensa latina. ¿Por qué Gabriel García Márquez se sentía bajo presión en la seguridad de la oficina de Nueva York, si no estaba involucrado en la Revolución Cubana?

Gabriel García Márquez parece perder el control de Prensa Latina como director del periódico, Rodolfo Walsh, Jorge Ricardo Masitti fueron sacados del escenario, el primero fue asesinado y el otro se fue a la selva, sus restos no fueron encontrados.

Podría haber otra razón por la cual sus restos no pudieron ser encontrados,

Jorge Masetti.

En la semana del 21 al 25 de este mes, a 50 años de su desaparición en la ...
anred.org

THE MAN WHO LIES, (L'Homme qui ment), Jean-Louis Trintignant, 1968

But Jorge Masetti died in 1964 or at best never seen again according to-
Wikipedia-
"Jorge José Ricardo Masetti Blanco (31 de mayo de 1929 -?), También conocido como" Comandante Segundo ", fue un periodista argentino y guerrillero. Nacido en Avellaneda, Masetti entró en la selva en Salta y después del 21 de abril de 1964 no se volvió a oír. Fue el fundador y primer director de la agencia de noticias cubana Prensa Latina y se convirtió en el líder de una de las primeras organizaciones guerrilleras argentinas, el Ejército Guerrillero Popular Guevarista.

La razón por la que Jorge Masetti es importante es porque nos dicen que jugó un papel tan importante en los planes que estaban haciendo para los Amriecrs del Sur.

La aventura de Salta que yo había pensado tenía algo de verdad incluso cuando leí Jounal Pampero Cordubensis. El editor es una cuenta de Gabriel Pautasso en Ciro Bustos repetida la cuenta en su libro "Che quiere verte" La misma historia Jon Lee

Anderson repite en su libro "Che Guevara A Revolutiony Life." Pero la misma historia es para ser Visto en los Diarios Bolivianos! Y ahora Jean-Louis Trintignant es la voz del Che en El Diario Boliviano, documental Richard Dindo, Arte video ".
Jon Lee Anderson da crédito a Richard Dingo por información, fotos en su libro.
El nombre de Lenardo Werthein me condujo a un programa titulado 'Jounal Pampero Cordubensis. El editor es un Gabriel Pautasso.

Tres cosas salieron de esto que me sorprendió. (Punto A No he encontrado mucho para confirmar esto.)
A) Mi abuela era de una familia judía rusa.
B) Que Mario Vargas Llosa dice que los huesos del mausoleo de Cuba no son del Che Guevara.
Mario Vargas Llosa cuenta de periódico a partir del 03/10/2007 es el, Bones of Che '
C) La cuenta que cuenta Ciro sobre la construcción de un brazo de guerrilla coincide casi palabra por palabra con un relato en el periódico Pampero Cordubensis. Por Masetti.
Le había preguntado al editor de la revista que había escrito el informe sobre las guerrillas de Salta, ya que no estaba seguro de que la traducción por ordenador no hubiera confundido al autor.

Si Masetti era el autor ¿por qué la cuenta está tan cerca, palabra por palabra a la cuenta que he leído en el libro de Ciro Bustos? Como nada antes parece coincidir entre un autor y otro es extraño.

Un revolucionario debe ser un alma solitaria, pero la historia muestra que tenían muchos hijos, como si el punto de partida para la revolución es el amor - Quiero verte. Atrapado en mi mente como los hombres lo usaban. Masetti para hacer una revolución debe haber amor. - en el Diario Pampero.

Para hablar de los hombres que mueren de hambre, tener que cocinar raíces hierbas es una cosa, pero para usar las mismas referencias es otra!

La cuenta escrita por Jon Lee Anderson de la época antes de la fiesta de la muerte también es similar a Ciro Bustos y el relato de Masetti de Sal. Si crees que estoy pensando basura, ¿puedes responder a una pregunta? ¿Por qué cometer el mismo error dos veces?

De- "el documental de Richard Dindo, Arte video.

Basado en la historia epónima de Ernesto Guevara en su viaje boliviano (Ed. Noches árabes o Maspero, agotado). Para aquellos que no hablan ni leen español o inglés, o que aprecian el talento de los lectores de Christine y de Jean-Louis Trintignant.

"Tomándolo como punto de partida para la muerte del" Che "Guevara y notas de hilo para su diario de Bolivia, este documental viene 27 años después de la época de lo que fue la última pelea del comandante. En 1966, "Che" había hojado misteriosamente Cuba. Él se dirigió realmente a La Paz para enjambre la revolución a través de Suramérica de Bolivia. Tamaño del proyecto, la debilidad significa. Sigue once meses marcados por la lucha frenética entre la reducida tropa de guerrilleros en el ejército boliviano apoyada por la CIA y los repetidos fracasos para ganar a los campesinos a la revolución. Las palabras de "Che" y la voz de Jean-Louis Trintignant guían esta jornada cuyo resultado morirá el comandante y su mito nacido. Las entrevistas recogidas durante el curso y el sesgo de lograr reposicionar la figura en el campo de la memoria viva ".

Richard Dindo fue la persona que le dio a Jon Lee Anderson la lechería boliviana y fotos para que lo usara para su libro.

De hecho encontré la simalarty de las aventuras en Salta y Bolivia alarmante pero ahora Jean-Louis Trintignant foto de Jorge Masetti me hace sentir triste; ¿Era esa historia falsa también?

¿Quiénes son las conexiones de Jean-Louis Trintignant?
Feltrinelli Giangiacomo

Libri da Babuino ilfoglio.itLibri da BabuinoEpitaffio per la Feltrinelli romana dove si poteva rubare rischiando alla peggio d'imbattersi in Günter Grass di Redazione |04 Agosto 2013
Este artículo está anunciando el cierre de la librería de Feltrinelli.
Mira quiénes estabas en su apertura -----

Gabriel García Márquez, Jean-Louis Trintignant, Gunter Grass.
(Dejaré la computadora como es, es para demostrar sus conexiones.)

"A partir de enero próximo, es oficial, cerrará la librería Feltrinelli en Via del Babuino. La primera se inauguró en Roma en 1964: medio siglo de historia y muchas historias que contar, y ya ha comenzado la carrera a "Recuerdo, sí, recuerdo", con el corolario de lo "inevitable era que, había eso. " Todo estaba allí, de hecho: estaban Elsa Morante y los 63, Marcello Mastroianni y Gabriel García Márquez, Mónica Vitti y Federico Fellini, De Martiis Plinio y Mario Schifano, Gian Maria Volonte y Mary McCarthy, Jean-Louis Trintignant y Simone Signoret ... Toda la casa, en la casa de los libros quería ser diferente, más modernizadora, política, electrizante, militante. Allí podían comprar el primer cartel de Che Guevara y bien Carnaby Street, en el año 1969 en el que la moda callejera británica es su gemelo a través del Babuino. De acuerdo con los tiempos y los nuevos ritmos, Giangiacomo Feltrinelli, que había escogido personalmente a un paso de la Piazza del Popolo, en los años en que la vida cultural-social, romana, nacional e incluso internacional, Reuniéndose allí.
Pero no nos uniremos a un pequeño coro que todo se convierte en el polvoriento asiento de la abuela Esperanza, incluyendo (no siempre) ese mundo que tú

Querido e imaginado "inconformista, contrario, irreverente, provocativo, transgresor, despiadado e incómodo, discordante, anti-aquí y allá-en contra." Entre los consensos generales, se podría decir Alberto Arbasino. No lo hacemos, aunque sólo sea porque sentimos que apreciamos más el loro relleno citado asiento comparado con Günter Grass, otro regular en el Babuino. Nuestro verdadero y profundo pesar por algo y alguien con ese irrefrenable Feltrinelli tenía mucho que hacer en Roma entre los años sesenta, setenta e incluso un poco de los ochenta. Estamos hablando de un héroe anónimo, el ladrón ahora extinguido de libros (libros comunes, vendidos en librerías, no los de las preciosas bibliotecas históricas: allí los ladrones siguen en furia). Figura noble y atrevida que vivía en ese lugar, favorecida por la atmósfera desinhibida y compagnarda, exuberante temporada. Si no se les alentaba, al menos no lo suficientemente disuadidos, jóvenes y viejos izquierdistas intentaron, en los bancos de la Via Feltrinelli del Babuino, la emoción de expropiación y culturalmente autorizados, en el orden natural de las cosas. Los libros todavía parecían increíbles, el tema del verdadero anhelo, mientras que los presupuestos estaban a menudo vacíos y, sobre todo, todavía no había inventado el sistema de alarma contra robos. Pero habiendo leído o no alguna novela o algún folleto, sin embargo, hizo la diferencia, y eso fue suficiente para transformar hábilmente a los jóvenes ladrones de intelectuales. Incluso el jefe bibliotecario, el bigote

Carlo Conticelli, hombre educado, cariñosamente rudo, siempre abierto a propinas, representaba un disuasivo efectivo. Si usted picoteó - sucedió - no llamó a la rápida, es obvio. El mismo Inge Feltrinelli, recordando hace mucho años suntuosos y festivos al babuino, dijo que sólo Fellini, entre los muchos clientes famosos de la librería, compró y pagó inmediatamente en efectivo, en épocas "en las que nadie tenía dinero". Se lo robó todo: Sartre y Lin Piao, Fachinelli y Pasternak, Bulgakov y Borges, Londres y Mayakovsky. Alguien también recuerda que los vocabularios desaparecieron bajo capas capaces y / o esquimales. Hoy debemos encontrar el deseo de robar a Saviano o al Trabajo. Pero, ¿qué pasa con la herida de la  legalidad?

(En el Servicio a Personas Mayores hay interesantes referencias- Se dice que Gabriel García Márquez, a menudo fue marcado en la lechería de Giangiacomo Feltrinelli para varias reuniones.)

Nella libreria venivano tutti ma solo Fellini pagava cash - la ...
ricerca.repubblica.it › la Repubblica.it › 2003 › 06 › 28 - Diese Seite übersetzen
28.06.2003 - C' erano Jean-Louis Trintignant, Simone Signoret, e c' era ... e allora Giangiacomo Feltrinelli disse agli agenti: «Non facciamo succedere un ...

Vean lo que dice INGE FELTRINELLI y quiénes estaban conectados con la librería y el cine.
"En 1960 a través del Babuino fue un camino polvoriento y murió, a excepción de unos pocos d 'tienda de antigüedades. El momento tomó forma la vanguardia artística, la apertura de la Librería

Feltrinelli fue en todo el barrio como la llegada de una locomotora: de inmediato se convirtió en el punto de referencia para los que trabajaban en Cinecittà. C 'eran Jean-Louis Trintignant, Simone Signoret, y c' era naturalmente Federico Fellini, que tenía una casa cerca, en via Margutta. Nunca dormía la noche y llegaba a las librerías en la mañana temprano, prácticamente abierto junto con las damas de la limpieza. Era uno de los pocos que compraban y pagaban en efectivo, algo asombroso en aquellas épocas en que nadie tenía dinero. Gracias a él, que siempre prestó mucha atención a las innovaciones literarias de los jóvenes, los autores también han sido descubiertos como Pino Cacucci. Además de los libros, la librería Feltrinelli de via del Babuino surgió a través de las estanterías de los primeros artefactos: el primer cartel de Che Guevara fue vendido por nosotros, c 'eran los lazos procedentes de Carnaby Street, la primera jukebox. Hogar de muchos eventos literarios y artísticos, el Feltrinelli el Babuino se había convertido en un verdadero centro cultural. Por supuesto en esos años iban y venían todos los artistas internacionales, actores, escritores, muchas mujeres hermosas, ¡pero nadie que alguna vez pagara un libro! Era un mundo sin dinero, gente con bolsillos vacíos. Pero la atmósfera de compensación era siempre extraordinaria. Entre los episodios sensacionales de esa temporada, hubo una representación del espectáculo El diputado de Rolf Hochhuth, con Gian Maria Volonte, que había sido considerado blasfemo por el Vaticano. Se decidió hacerlo para representar en el almacén, en ese espacio donde hoy se hacen los lanzamientos de libros. Ese Día, después de la actuación, llegó la policía. Con nosotros fue también el escritor Mary McCarthy, y luego Giangiacomo Feltrinelli dijo a los agentes que "no suceda por casualidad, c 'es un escritor de renombre internacional". C 'fueron entonces los jóvenes pintores de la Escuela Romana: Giosetta Fioroni, Tano Festa, Mario Schifano, Franco Angeli. Y de nuevo, la joven vanguardia literaria del Grupo 63: Angelo Guglielmi, Nanni Balestrini, Alberto Arbasino, Alfredo Giuliani, Elio Pagliarini ~ Recuerdo a tanta gente alrededor de este movimiento. Por ejemplo, Luisa Spagnoli, auténtica mecenas del arte, que siempre abrió su gran casa para comidas y fiestas. Recuerdo a Alberto Moravia, olfateando libros, siempre venimos a nosotros después de estar en el Rose Bar. Recuerdo a Monica Vitti, hermosa. Y el viejo Carlo Emilio Gadda, con un rostro frío grande y serio, de Lombard. Todos lo consideraban un maestro y lo saludaban diciendo: "Buenos días ingeniero". Todo esto pasó hasta el final de los años setenta: entonces, como los años de plomo, incluso ir a la librería se había vuelto peligroso. C 'era menos actividad política, pero más miedo, la gente fue aprovechada en casa. Sin embargo, en ese tiempo, pero básicamente desde los años sesenta, los libros tenían un valor mucho más fuerte hoy, sobre todo porque había menos televisión. La referencia a que 'los escritores de tiempo fueron maestros como Gabriel García

Márquez, Manuel Puig, Manuel Scorza, Ingeborg Bachman, Gunter Grass, todos llegaron a Italia gracias a nuestra editorial y la Biblioteca Feltrinelli. En particular Moravia tenía contactos con escritores extranjeros: era un hombre muy generoso, dio consejos a jóvenes escritores, la tarde siempre fue el cine, luego fue a la biblioteca y trató de "la más bella dama de la casa" para invitar a cenar . Yo ya era en esa época un amigo cercano, entre otros, Alberto Arbasino. Hubo muchas reuniones en el pequeño piano-bar Amerigo cerca del Feltrinelli, donde Eugenio Scalfari recuerdo haber tocado el piano cantando La Vie en Rose. Era una época en la que siempre celebraba grandes fiestas en Roma porque el arte de vanguardia estaba más vivo que nunca. Algunas mujeres de buen grado abrieron sus casas para verlas llenas de artistas y escritores, gente de cine y libros. Además de Luisa Spagnoli, como decía yo, también era la Condesa Brandolini y luego el superintendente de la galería de arte moderno, Palma Bucarelli, bella y elegante, siempre tuvo con él al menos tres admiradores. La biblioteca fue la verdadera estrella de la Via del Babuino: acontecimientos, encuentros, ir all there, en un momento verdaderamente mágico para Roma que no ha repetido esa 'intensidad y esa' felicidad. "

*INGE FELTRINELLI* June 28, 2003 sez.

This is an interesting connection to find- El Che –

In this one film you can bring together Regis Debray- Richard Dindo- Pierre Kalflon- Jean-Louis Trintignant. Connects you to Jon Lee Anderson---.

**El Che - Enquête sur un homme de légende: Amazon.fr: Maurice ...**

*https://www.amazon.fr/El-Che-Enquête-homme.../B004CG2IH6*

... sur un homme de légende. *Maurice Dugowson* (Réalisateur) Classé: Tous publics Format : DVD ... Interview de *Régis Debray* (10' - VF) Interview de Carmen ...

**El Che - Chro**

*www.chronicart.com › Cinéma*

24.04.2000 - Le premier, El Che,, de Maurice Dugowson, est co-scénarisé par *Pierre Kalfon*, l'auteur d'un Che aux Éditions du Seuil. ... La démarche du film de Richard Dindon, Le journal de Bolivie, une reprise de 1994, ... *Richard Dindo*

Film - Ernesto 'Che' Guevara: Le journal de Bolivie - VPRO Cinema ...

www.vpro.nl/.../film~493115~ernesto-**che**-guevara-le-journal-de... ▾ Diese Seite übersetzen

... en [KL]La CIA contre **el Che**[KLE], beiden van Adys Cupilo en Frollan Gonzales. ... en Duitse vers uitgebracht met commentaar van **Jean-Louis Trintignant** en ... Regie: **Richard Dindo**; Jaar: 1994; A titels: Ernesto 'Che' Guevara: Das ...

"Hace treinta años, el 9 de octubre de 1967, el guerrillero Ernesto Che Guevara cayó bajo las balas del ejército boliviano. Este aniversario ya ha dado como resultado la publicación de varias biografías. Ambos documentales están mostrando. El primero, El Che, Mauricio Dugowson, es co-guión por Pierre Kalfon, autor de Che Editions du Seuil. Su productor, Fabienne Servan-Schreiber, obtiene un éxito en los cines. Doce copias de la película se están distribuyendo -incluyendo cuatro en la región parisiense-; Una salida de esta magnitud es extremadamente rara en el campo documental. La apuesta es audaz, pero, dada la cobertura mediática que recibe, debe traer mucho. Se teme que la película Maurice Dugowson realmente no tenga otras ambiciones. Simplemente un desarrollo lineal de la vida del Che y una paráfrasis del libro de Kalfon, que se vierte con demasiada frecuencia en la historia, el documental nunca puede mantener la distancia necesaria de las imágenes que ofrece. Por lo tanto, no puede deshacerse de la vieja cuestión que es la de la construcción del mito revolucionario.La enfoque Película Richard Turquía, El diario boliviano, una recuperación en 1994 es en sí mismo mucho más interesante. La narrativa se basa en la unidad de libros que ha tenido el Che durante su año de guerrilleros bolivianos. La cámara simplemente sigue la ruta de la tropa y simplemente acompaña las palabras de más allá de la tumba que venían del pergamino del periódico dejando un paisaje desesperadamente vacío. Aquí Ernesto Guevara viajó a sí mismo, debunked, casi humano. Parece posible que el alma errante del Che finalmente encuentre un entierro decente.

Regis Debray- Entrevista se encuentra en El Che.
Su trabajo fue impreso por
Feltrinelli Giangiacomo.

(El trabajo de la mayoría de la gente fue impreso por

Feltrinelli Giangiacomo.)
Regis Debray estaba en prisión con Ciro Bustos.
Richard Dindo- le dio a Jon Lee Anderson una copia del Diario Boliviano;
Jon Lee Anderson escribió el libro 'Che Guevara una vida revolucionaria,'
Utilizando esta información.
Richard Dindo produjo la película El Che.
Pierre Kalflon-co-guionado El Che y ha escrito un
Libro sobre Che and Fidel Castors 'hombre en Chili-
Salvador Allende.
Jean-Louis Trintignant- es el comentarista de la película El Che.

El siguiente paso que hice fue comparar esposas de Jean-Louis Trintignant y Jorge Masetti; Cada uno tenía más de una esposa.
Jean-Louis Trintignant = Nadine Marquand y Stephane Audran, Marianne Hoepfner.
Jorge Masetti = Jurado de Dora Clelia y Conchita Dumios.

No pude encontrar ninguna foto de Dora Clelia Jury, se dice que es la madre de Garciela y Jorge Masetti jr. Quién era un agente de Fidel Castro.
Jorge Maseitti jr
(Jorge Masetti nació en 1955 en Argentina, pero creció en Cuba y en 1974 comienza como agente de sus servicios de espionaje cubano, su actividad en varios frentes de América Latina que continuó

ininterrumpidamente hasta el tristemente famoso "proceso Ochoa". Eso fue iniciado en 1989 por Fidel Castro, que temía que Estados Unidos revelara su evidencia de la participación de Cuba en el tráfico de drogas y de marfil, culminando con la condena a muerte del general Arnaldo Ochoa héroe de guerra en África, Y Antonio de la Guardia y Patrick, su hermano gemelo.

Jorge Masetti Jr era el yerno de Antonio de la Guardia,

Illeana de la Guardia- que a su vez padrino fue Gabriel García Márquez.

Jorge Masetti anotó sus experiencias que publicaron en 1993 'El Furor y el delirio'.

Conchita Dumois resultó ser muy interesante!
Se dice que tenía un borrador con Jorge Masetti-Laura.
Acaba de escribir los recuerdos de Jorge Massetti.
Tenía estrechas relaciones con Alieda March- Che 2ª esposa.
Fue una de las escritoras de Gabriel García Márquez.
Sus amigos más cercanos fueron Mercedes García Márquez y Gabriel García Márquez.

De izquierda a derecha, Ricardo Sáenz, Gabriel Molina, Conchita Dumois, Gabo, Marta Rojas, Juan Marrero y Joaquín Oramas.

"Y insisto que después de 1964 fue tan fiel a Masetti como lo había sido antes cuando participó en la agencia de impulso del proyecto Prensa Latina para oxigenar al mundo con verdad y no mentiras, distorsiones y manipulaciones de agencias y medios de comunicación al servicio de las fuerzas hegemónicas, Estados miembros. Cada vez que el Gabo llegaba a Cuba, y siempre que podía, se puso en contacto con Conchita Dumois, viuda de Masetti (ya fallecida), y tuvo encuentros agradables con algunos de los fundadores de la agencia y otras figuras del periodismo cubano. Temas centrales de estos encuentros: el periodismo en Cuba y, por supuesto, el importante papel de Prensa Latina, que el próximo 16 de junio celebra 55 años de vida, aunque las fuerzas imperiales le dieron más un mes de vida ".

En 'La Policía Secreta Mexicana Espioa Gabo Imagenes) Eipionero.com. Conchita Dumois.

Este programa afirma que la Policía Secreta mexicana observó en 1981 a Regis Debray y un miembro del Partido Comunista Cubano Conchita Dumois, fueron ráfagas en su casa; Ella estaba presente en su funeral. Mercedes García Márquez.

Interesante encontrar una relación tan estrecha; Lo que no significaría nada que Jean-Louis Trintignant no se asemejara tanto a Jorge Masetti.

UNEAC- Unión de escritores y artistas de Cuba

Sigue el giro y gira con la UNEAC-Unión de escritores y artistas de Cuba con Alfredo Guevara y con el ICAIC Insitituto Cubano del Arte e Industria Cinematográfica para encontrar la mayoría de los nombres mencionados en el capítulo "Gente Interesante" conectada con el mundo de Poesía o como escritor, sus nombres aparecen de nuevo en el libro de Ángel Esteban y Stephanie Panichelli.

Fidel Castro y Gabriel García Márquez, Alfredo Guevara junto con otros habían planeado una Revolución Latinoamericana desde 1948. Nadie quería ser descarado entonces, pero lentamente y sistemáticamente han construido los medios para hacerlo. Gabriel García Márquez construye relaciones con los que pueden apoyar esta idea.

Gabriel García Márquez afirma que es un defensor del movimiento revolucionario latinoamericano. ¡Defiende a Salvador Allende por enviar al presidente Chileno Pinochet un telegrama! Pinochet debió haber estado molesto en algún momento con Gabriel García Márquez cuando sus libros fueron quemados públicamente.

¿Gabriel Gabriel García Márquez con Fidel Castro expresó realmente el deseo de unir al mundo latinoamericano? Ambos tienen en un momento u otro! ¿Fue simplemente una observación que Gabriel García Márquez anota en su novela, "El general y su laberinto", "El deseo de Simón Bolívar de crear el país más grande de México al Cabo de Hornos?".

Si Fidel Castro tenía la costumbre de leer los textos de Gabriel García Márquez para sus novelas, también debió leer sus artículos sobre Cuba en Angola. 1977 Gabriel García Márquez publicó un artículo titulado "Operación Carlota: Cuba en Angola." Fue publicado por primera vez en el diario colombiano El Espectador. Cuba envió 50.000 hombres para apoyar al MPLA y 300.000 cubanos lucharon bajo el nombre de solidaridad internacional. Es Gabriel García Márquez quien nos dice que Cuba prestó ayuda a Argelia en los primeros años de la Revolución cubana. La ayuda se extendió a Mozambique, a Guinea-Bissau y al Camerún, así como a Sierra Leona. Desde los años sesenta se había prestado ayuda.

Había leído que la Unión Soviética usaba hombres cubanos como si fueran suyos.

Pierre Kalfon

Pierre Kalfon, era un ocioso, un profesor universitario. El consejero de Salvador Allende, biógrafo de Che Guevara y actor de cine, encaja en el paquete con Lean luc Godard y la dama de la hermana de Che. Me pregunto si Angel Esteban y Stephanie Panichelli saben que él puede haber estado en un doble para el Che?

Carmen Belcells, agente literaria de Gabriel García Márquez. Se suponía que había tenido contacto con Danilo Bartulin, que había sido el jefe de seguridad de Salvador Allende. ¿Fue de él Gabriel García Márquez oído que Salvador Allende quería quedarse solo para morir?

El conservador presidente colombiano Belisario Betancur Cuatas ofreció a Gabriel García Márquez varios puestos de gobierno y un buque embajador para Madrid y París. Fue invitado dos veces a postularse para Colombia como presidente. El entonces ganador del Premio Nobel rechazó las ofertas. Pero este hombre está en su propia admisión estaba presente en Paraiso en la isla de Contadora. Donde dice, tres personas participaron en la recuperación del Canal de Panamá. Fueron Carlos Andrés Pérez-Venezuela y Alfonso López Michelsen-Colombia, Omar Torrijos- líder panameño. Cada uno era presidente de su país.

Gabriel García Márquez dice que Felipe González fue su discípulo, que se convertiría en el presidente de España.

Gabriel García Márquez escribió artículos sobre Omar Torrijos y habla sobre la CIA infiltrándose en los grupos radicales de 'La Izquierda' en el exilio en Panamá. Se ha registrado que comentó al negociador de Jimmy Carter que lo mejor que podían hacer era devolver el Canal de Panamá. Si no lo hicieran, estarían atornillados durante muchos años hasta que dijeron que lo llevaran de vuelta a su maldito canal.

Gabriel García Márquez es diplomático en general! Sregio Ramírez fue un escritor y político nicaragüense, Gabriel García Márquez y se conoció en estudios RIT. Sregio Ramírez pidió a Gabriel García Márquez que vaya a Caracas para sugerir al presidente de Venezuela, Carlos Andrés Pérez, que el triunfo de la revolución sandinista es inminente; ¿Reconocería el nuevo gobierno de Felipe Mantica? El gobierno secreto de Felipe Mantica vivía en el exilio en Costa Rica.

¿Realmente Gabriel García Márquez dijo en El Nacional, Alternativa 1978, que Jimmy Carter pensaba que Somoza no podía caer mientras el Frente Sandinista existiera, porque querían establecer un régimen como el de Cuba en Nicaragua?
(Anastasio Somoza Debayle fue un dictador / presidente de Nicaragua de 1967 a 1972 y de 1974 a 1979. Utilizó los años provisionales como jefe de la Guardia Nacional, cuando otros ejercían la presidencia.

Cuba estaba suministrando grandes cantidades de municiones y hombres para ayudar al conflicto. Los hombres de Chile y Uruguay se entrenaron en Cuba. Había un pasillo aéreo entre La Habana, Panamá y Liberia. Carlos Andrés Pérez- Venezuela también envió armas.

Jorge Masetti no debe ser confundido con su padre, en su libro 'El Furor y el delirio' nos dicen que fue testigo de los acontecimientos, afirma que Gabriel García Márquez enterró la información no queriendo dañar la imagen de la revolución. Sólo para señalar, Elisabeth Burgos-Debray escribió el prólogo de Jorge Masitti hijo de Jorge Ricardo Masetti, libro. 'El Furor y el delirio'

Gabriel García Márquez antes de ganar el Premio Nobel, tuvo que sacar a sí mismo ya su esposa de Colombia. Haber oído que había una conspiración militar contra él debió de ser difícil.

El presidente Belisario Betancur pidió a su viejo amigo que regresara del exilio con honor. Antes de recibir el Premio Nobel, fue galardonado con premios de Francia, México y Cuba.

El siguiente presidente de Colombia, Virgilio Barco, llamó a Gabriel García Márquez, el gran embajador de Colombia.

Cesar Gaviria el presidente después de Virgilio Barco también un amigo cercano de Gabriel García Márquez, como un amigo cercano que tomó el papel de mediador y consejero de César Gaviria en diversos asuntos nacionales e internacionales.

Cesar Gaviria dio una fiesta de cumpleaños para Gabriel García Márquez, donde tuvieron la idea de arreglar una reunión con Bill Clinton. La idea fue mencionada a William Styron, él a su vez pasó la solicitud a su amigo.

El amigo de Gabriel García Márquez fue Ernesto Samper, fue huésped de Gabriel García Márquez cuando visitó Cuba y conoció a Fidel Castro, antes de convertirse en presidente de Colombia, según informó en la revista 'Semana'.

¡Pasar al siguiente presidente! Andries Pastrana se basó en Gabriel García Márquez como su asesor personal. Así que se fueron juntos a Estados Unidos para conocer a Bill Clinton.

Álvaro Uribe, el siguiente en línea, continuó la creciente tradición de convertirse en amigos cercanos de Gabriel García Márquez.

Si cada presidente colombiano tenía que ser muy amigo de Gabriel García Márquez, no es de extrañar que no tuviera que ser presidente.

Gabriel García Márquez miró un nuevo periódico independiente en Colombia el mismo año que su Premio Nobel. Hay verdad en las palabras, 'la pluma es más poderosa que la espada'.

Este hecho aparece claramente en el libro de Ángel Esteban y Stephanie Panichelli.

¿Pablo Neruda -suponía ser el poeta favorito del Che y el embajador de Chile en París en 1971-, ¿de verdad presionó a Jake Mitterrand y al comité del

Premio Nobel por Gabriel García Márquez? Apuesto a que Mario Vargas Llosa también estaba haciendo lobby. Regis Debray se informó en el restaurante cuando Gabriel García Márquez fue dicho que tenía el premio. Su amistad con Jake Mitterrand lo puso en contacto con Olof Palme, el primer ministro sueco. Quien estaba interesado en las cuestiones latinoamericanas. (Esto explicaría por qué Che / Ciro Bustos vivió en Suecia.)

¿Quién es Gerardo Molina Ramirez? Según Wikipedia, fue escritor intelectual y político colombiano. Fue miembro del Congreso tres veces (1933-1935, 1939-1941, 1962-1964), columnista del diario El Espectador, senador (1935-1939 y 1982), ombudsman de Bogotá (1942-1943), Rector del Consejo Nacional Universidad de Colombia (1944-1948), rector de la Universidad Libre (1955 y 1960-1962), candidato a la Presidencia de la República (1982), miembro del Comité de Defensa de los Derechos Humanos durante la administración de Belisario Betancur Cuatas y miembro de las Comisiones de Paz nombradas durante las administraciones de los presidentes Julio Cesar Tubay Ayala y Belisario Betancur Cuatas.

¿Por qué es interesante Gerardo Molina Ramírez, porque escribió en El Espectador el 13 de febrero de 1980. "Gabriel García Márquez el novelista se ha identificado con el experimento revolucionario".

Experimento revolucionario! ¿Gerardo Molina Ramírez realmente escribió Gabriel García Márquez podría pasar por un líder de la revolución cubana?

*(En cada encrucijada, en todas las intersecciones he encontrado a Gabriel García Márquez de pie, ya sea con películas o libros, o con la política llana: este hombre, que lleva a Fidel Castro en sus brazos, lo coloca frente a un experimento revolucionario Otros pueden copiar, y pone el derecho de impresión azul bajo las narices de los norteamericanos.*

*¿Realmente Gabriel García Márquez soñó con hacer un país: una nación, libre y unificada, de México al Cabo de Hornos?*

*No sería el único hombre que habría escrito sus intenciones en una novela. Tenía los medios, tenía las conexiones, y tenía el poder en sus manos.)*

Gabriel García Márquez se reunió con el presidente de Suecia, Olof Pame, cuando estuvo en Suecia para recibir el Premio Nobel. Se afirma en el libro de Ángel Esteban y Stephanie Panichelli, después de un análisis detallado se tomó la decisión de ponerse en contacto con los seis presidentes de Centroamérica para instarlos a emprender conversaciones de paz. Jamás la América Central había estado tan cerca de la guerra; 1981

Hay otro amigo cercano de Gabriel García Márquez, el político español Carlos Fuentes; Carlos Fuentes también fue un amigo cercano de Fidel Castro!

(Anthony Quinn estaba en la película 'Man from Del Rio, 1956 con Katy Jurado.
Anthony Quinn repitió la experiencia en 1957 con Anna Magnani en la película "Wild is the word". Esto no sería interesante si a Gabriel García Márquez no se le hubiera ofrecido un millón de dólares para los escritos dramáticos de "Cien años de soledad", de Anthony Quinn. La condición era otro millón de dólares ser dado a la revolución en Cuba y América Latina. Si Gabriel García Márquez no estaba contento con la ayuda recibida por su amigo el presidente francés Jake Mitterrand; Otros medios tenían que ser explorados.)

Gabriel García Márquez fue el hombre que señaló que están los Estados Unidos de México y los Estados Unidos de Brasil. Pero los Estados Unidos, Estados Unidos de qué? Mientras que estaba cautivado con la última frase casi me perdí la relevancia de lo que Angel Esteban y Stephanie Panichelli me decían!

Gabriel García Márquez actuó como intermediario entre Cuba, Colombia y Estados Unidos.

Gabriel García Márquez trabajó con el presidente de Colombia, Andrés Pastrana Arango, de 1998 a 2002. Se puso en contacto con Andrés Pastrana Arango con Fidel Castro, con la intención de que Fidel Castro asegurara un diálogo con los guerrilleros activos.

Gabriel García Márquez- ayudó a restablecer las relaciones entre Bogotá y Washington
Gabriel García Márquez se reunió con el presidente Bill Clinton para mediar en temas relacionados con -

El levantamiento del embargo.

La crisis de la balsa cubana.

Informe sobre los resultados de las decisiones entre el gobierno colombiano y los guerrilleros.
Gabriel García Márquez señaló que el gobierno cubano tenía los más estrechos contactos con los guerrilleros. Por lo tanto Cuba fue un importante en las negociaciones necesarias.

Como Andrés Pastrana Arango podía viajar a Cuba bajo dos horas para asistir a las reuniones necesarias, Gabriel García Márquez volvió a destacar la importante posición de Cuba.

El nombre de Monica Lewinsky ha surgido antes; Antes de ver su nombre en el libro de Ángel Esteban y Stephanie Panichelli; Juan F Benemelis dice que Monica Lewinsky fue acusada de espionaje por Moscú.

(Como Gabriel García Márquez escribió acerca de Bill Clinton, era comprensivo con la dama en el armario de escobas, tal vez era uno de los suyos o de los pequeños trucos de Fidel Castro !? No me cite en esto es sólo uno de mis sentimientos. )

Una y otra vez el nombre de Alfredo Guevara aparece es descrito como un hombre poderoso en el gobierno cubano. También fue director del ICACI.

El Instituto Cubano de las Artes Cinematográficas y la Industria.

(Fidel Castro y Gabriel García Márquez, la asociación de Alfredo Guevara comenzó en 1948 en Bogotá, cuando Alfredo Guevara fue considerado uno de los hombres más importantes de Cuba).

Gabriel García Márquez llama a su ayuda en 1980, en el momento en que los intelectuales fueron perseguidos por ser homosexuales y contrarrevolucionarios; Estaban tratando de salir de Cuba. ¡La situación se hizo tan intensa con aquellos que deseaban dejar a cubanos recurriendo a balsas!

**Mariel boatlift - Wikipedia, the free encyclopedia**

*https://en.wikipedia.org/wiki/**Mariel_boatlift***

The *Mariel boatlift* was a mass emigration of Cubans who departed from Cuba's Mariel Harbor for the United States between April 15 and October 31, 1980.

Background - Prelude - Exodus - United States Naval and Marine ...

Wikipedia lo describe de manera adecuada, pero añadiré que el régimen de Fidel Castro agregó unos espías para la buena suerte a aquellos que desean irse!

Entre otros que querían marcharse estaban Juan F Benemelis- «Las Guerras Seces de Fidel Castro», partió en 1980.

Ángel Esteban y Stephanie Panichelli nos dicen que Norberto Fuentes fue uno de los que se nombran en llevar a Gabriel García Márquez a la alta sociedad cubana y por lo tanto a Fidel Castro. Lo que hace interesante esta observación es la conexión con el Coronel Tony De la Guardia y el General Arnaldo Ochoa.

¿Por qué son interesantes? ¡Como fueron fusilados en 1989 por sus conexiones con el mundo del tráfico de armas y drogas! (Lo cual es una broma ya que Fidel Castro estaba profundamente involucrado en el tráfico de armas y drogas).

Gabriel García Marquez en relación con Alfredo Guevara-

Señalo que Alfredo Guevara era el director de la ICIAIC. El Instituto Cubano de las Artes Cinematográficas y la Industria. El mundo del cine de fantasía! La fundación del Nuevo Cine Latinoamericano fue establecida en 1985 por el comité de Productores Cinematográficos Latinoamericanos. Su sede estaba situada cerca de las mansiones de Gabriel García Márquez y Fidel Castro en las afueras de La Habana.

El nuevo cine latinoamericano tiene sus orígenes en el tiempo, entre 1952 y 1955 cuatro de los miembros más afectuosos estaban estudiando en el Centro de la Cinematografía Experimental en Roma con Gabriel García Márquez fueron Julio García Espinosa y el Viceministro de Cultura de películas; Fernando Birri y Tomás Gutiérrez.

Es importante mencionar que en 1954, Gabriel García Márquez escribió una columna semanal en el periódico El Espectador; En la que se estrenan películas en Bogotá. Debe haber sido una experiencia emocionante descubrir el Teatro Olympia y la escuela de viajes de Álvaro Cepeda. Antes de ir a Roma!
Álvaro Cepeda Samudio - Wikipedia, the free encyclopedia
*https://en.wikipedia.org/.../Álvaro_Cepeda_Samudio*
Álvaro Cepeda Samudio (March 30, 1926 – October 12, 1972) was a .... not have been possible had he not partaken in "*the traveling school of Álvaro Cepeda*".

El Centro de Cinematografía Experimental en Roma es donde Gabriel García Márquez se reunió y asistió a Alessando Blasetti; Su nombre no hacía connotación directa a ninguno de los nombres de "Los cuatro en una dama". El nombre que apareció fue Cesare Zavattini su nombre se conecta a Katy Jurado y Anna Magnani. En los Niños de Sánchez debe haber conocido a Katy Jurado; Él fue el guionista, como lo fue para Anna Magnani, 'Soggetto' y 'Bellissima'.

La fundación del Nuevo Cine Latinoamericano también tiene un programa de intercambio con el Instituto Sundance en Utah, dirigido por el actor y director Robert Redford.

Lo importante es la fundación de la Escuela Internacional de Cine y Televisión en San Antonio de los Baños; Donde Gabriel García Márquez, Anna Magnani- Pier Paolo Pasolini y otros se han unido. ¡La columnación de ideas que habían estado usando ya en 1952! Gabriel García Márquez, Fidel Castro, Raúl Castro, Alfredo Guevara estaban listos para hacer 'Che Guevara'!

Max Marambio, un chileno con muchos talentos, fue patrocinado por Fidel Castro cuando estuvo en Cuba en 1966 para entrenar en las 'Tropas Especiales' a principios de los años setenta. Regresó a Chile para dirigir el "Grupo de amigos del Presidente GAP", encargado de la seguridad de Salvador Allende.
Max Marambio - Wikipedia, la enciclopedia libre
*https://es.wikipedia.org/wiki/Max_Marambio*
Joel *Max Marambio* Rodríguez (n. Santa Cruz, 1947) es un empresario, productor cinematográfico y político chileno. En Cuba desarrolló una exitosa carrera ...
Estudios - Carrera empresarial - Productor de cine - El hermano

La Wikipedia española es más útil que el inglés! Max Marambio prestó servicios financieros tanto a Cuba como a Chile. Amigo personal de Fidel Castro, estuvo involucrado en la inteligencia cubana por muchos años. Max Marambio fue capaz de acumular una enorme fortuna personal; Fue director de CIMEX-Corporación para la Importación y Exportación, de 1978 a 1993.

El nombre de Max Marambio está vinculado a las revelaciones sobre la cuenta bancaria privada de Fidel Castro.
En 1983, Max Marambio formó una compañía de producción cinematográfica, que era una compañía holding de 'International Network Group' para reunir a otras compañías de Chile, Ecuador, México, Cuba y España.

Para volver a Gabriel García Márquez, Max Marambio participó personalmente en la fundación de la Fundación del Nuevo Cine Latinoamericano. Con sus actividades financieras apoyó la administración de la Escuela Internacional de Cine y Televisión en San Antonio de los Baños.

El nombre de Susan Sontag aparece también al final de 'Fidel & Gabo'. Fue la dama que tradujo el trabajo de Che Guevara y está conectada al ICAIC Insitituto Cubano del Arte e Industria Cinematográfica y la UNEAC - Unión de escritores y artistas de Cuba .

Ella es la señora me siento a cuadros la parte de Tamara Haydee Bunke 'Tania'. No es una sorpresa verla definir a Gabriel García Márquez cuando fue llamado a hablar en contra de las planificadas ejecuciones del General Tony De la Guardia y del General Arnaldo Ocha. Que supuestamente fueron juzgados y ejecutados por narcotráfico. (La cocaína colombiana fue cambiada por armas para los guerrilleros).

Tony De la Guardia fue el padre de Ileana De la Guardia, se casó con Jorge Masitti, hijo de Jorge Ricardo Masetti, y Gabriel García Márquez actuó como padrino de la hermanastra de Jorge Masitti en su boda. Colgó cuadros de Tony De la Guardia y su hermano gemelo Patricio De la Guardia en su casa, asistió a sus eventos familiares.

Gabriel García Márquez no apoyaba a sus amigos, apoyaba a un dictador y sus intenciones planeadas, eligió otro Orden Mundial.

Chapter two.

Hotel Nacional De Cuba. Italian Neorealism Instituto Cubano del Art e Industria Cinematograficos. ICAIC

**The History of the HOTEL NACIONAL DE CUBA - Among its ...**

*www.hotelnacionaldecuba.com/en/history.asp*
In the same month, Commander-In-Chief *Fidel Castro* founded the Ana Betancourt .... the Mafia bosses, Bola de Nieve, Tyron Power, Gary Cooper, *Agustín Lara*, Jorge Negrete.

Puse el nombre de Fidel Castro junto con el de Agustín Lara para encontrar la historia del Hotel Nacional De Cuba. Irónico pensar que este hotel fue construido por magnates de cine estadounidense en los últimos años veinte. Cualquiera que haya sido cualquiera ha pasado por él puertas, incluso cuando Castro lo tomó; Fue utilizado por él y "Che Guevara" como su sede.

Era el centro donde se cruzaban muchos caminos, todos los actores y actores de la época, cada productor de escritores y cámara-hombre, todos los políticos y ministros políticos reunidos allí. ¡Un lugar para estimular cualquier revolución!

De hecho, todos los nombres que he encontrado, en el tiempo que he estado viendo, han pasado por sus puertas. Los nombres de la mafia y de los magnates de la película aparecerán muchas veces como son torcidos en la alusión del "Che Guevara."

Gabriel García Marqués vivía en este hotel cuando estaba en Cuba, antes de que Fidel Castro le diera una villa al lado de la suya.

Neorealismo italiano

El neorrealismo italiano proporciona muchos de los contactos y enlaces, sólo para enumerarlos sería aburrido, pero podría ayudarnos a entender cómo Gabriel García Márquez estuvo involucrado. Comenzó a aprender su oficio con sus principios.

Neorealismo italiano "El rechazo de la reconstrucción y de la retórica significaba implícitamente la creación de una película" verdadera "y casi real, que es más acción política como narrativa cinematográfica (cada película forma siempre parte de una regla dramatúrgica). A diferencia del nazismo en Alemania, el fascismo italiano permite cierto pluralismo en el arte. En este contexto, se despliega con el Neorealismo ya durante, y con vehemencia después del final de la Segunda Guerra Mundial, el segundo florecimiento del cine italiano ".

A medida que se desarrollaba el contexto del logro artístico en el Nuevo Cine, tendía a la vanguardia ya la experimentación. La literatura del auge, que tiene como uno de sus principales exponentes al escritor colombiano Gabriel García Márquez, construyó nuevos tipos de ficción y realismo mágico y realismo mágico, basado en la identificación de dinámicas culturales propias. En cuanto a las influencias europeas se sienten el neorrealismo italiano, el cine francés de la Nueva Ola y el inglés libre. "Es cómo una Wikipedia lo expli

The Untold Story | Havana Streetview
www.havanastreetview.com/hmotiv/untold-story
03.08.2014 - Pre-revolutionary cinema *radio* and *television* in *Cuba*: the untold story ... after the *Cuban* Revolution in January 1959 was the *Cuban* Film *Institute*. ... García Espinosa, Tomás Gutiérrez Alea, *Alfredo Guevara* and José Massip.
Un equipo de cuatro activistas cinematográficos del cine posrevolucionario colaboró en 1955 para producir el documental El Mégano (1955). Fueron Julio García Espinosa, Tomás Gutiérrez Alea, Alfredo Guevara y José Massip. Dos de ellos habían estudiado con el Premio Nobel y fundador de la Escuela Internacional de Cine y Televisión de San Antonio de los Baños, Gabriel García Márquez en el Instituto de Cinematografía de Roma. De ahí la notable influencia del neorrealismo italiano en el cine cubano a principios de los sesenta. El Mégano es quizás la crítica más audaz de su época a la difícil situación de la clase obrera cubana, ya que retrata las duras condiciones de trabajo de los fabricantes de carbón en el Zapata Swamp.

Instituto Cubano del Arte e Industria
Cinematograficos
ICAIC

Alfredo Guevara- se convirtió en director del ICAIC en 1959

La historia del ICAIC es un tema interesante por sí mismo; Les dio las herramientas para crear un héroe como Che Guevara.

El Club de La Habana fue fundado en 1948, para convertirse en el club de cine en 1953 ya petición de Fidel Castro Alfredo Guevara se convirtió en director del ICAIC en 1959 dos meses después de que Fidel Castro tenía su mano sobre Cuba.

Alfredo Guevara se hizo amigo de Fidel Castro cuando se unieron a Colombia en 1948 para una conferencia internacional de estudiantes y se vieron atrapados en los disturbios conocidos como el Bogotázoo, provocado por el asesinato del popular candidato presidencial Jorge Gaitán, Se suponía que iban a reunirse.

Alfredo Guevara afirmó que Fidel no era comunista, y fue Alfredo Guevara quien primero lo introdujo en los escritos de Marx. Alfredo Guevara podría combinar el cine con un compromiso político con el líder de una revolución popular.

Se decía que Alfredo Guevara había nacido en 1925. Su padre era un ingeniero ferroviario que fue uno de los fundadores del sindicato ferroviario. Fue miembro de la sociedad cultural Nuestro Tiempo-Nuestros Tiempos. Se dice que no era miembro de la familia "Che Guevara".

Alfredo Guevara perteneció a una extraordinaria generación de cineastas con Santiago Alvarez (1919-1998), Tomás Gutiérrez Alea (1928-1996) y Julio

García Espinosa (1926). Todos ellos eran miembros de Nuestro Tiempo durante los años cincuenta. Este grupo estaba cerca de los jóvenes comunistas a los que también pertenecía Alfredo.

Tomas Gutierrez Alea y Julio García Espinosa fueron a Roma a estudiar cine en el Centro Sperimentale; El semillero del neorrealismo.

Alfredo Guevara tuvo que huir a México después de entrar en el subterráneo urbano, escapar por poco con su vida.

México es donde aprendió el oficio del productor con Manuel Barbachano Ponce, incluyendo un puesto como ayudante en el Nazarín de Buñuel, cuyo espíritu de anticlericalismo compartió. Barbachano Ponce también produjo una revista de cine de diez minutos en Cuba en la que el grupo sirvió sus aprendizajes, a veces contribuyendo con dibujos cómicos.

Tomas Gutierrez Alea y Julio García Espinosa estaban sentados en Italia, Roma y su centro de cine, en los círculos donde estaban Pier Palo Pasolini y Feltrinelli-

Manuel Barbachano Ponce (4 de abril de 1925 - 29 de octubre de 1994) fue un productor, director y guionista mexicano. Un bisnieto de Miguel Barachano y Tarraso, cinco veces gobernador de Yucatán, nació en Mérida, Yucatán, México.

(Produjo una película con Katy Jurado, 'Torerro'.

Alfredo Guevara trabajó con Luis Buñuel en la película 'Nazarín'.

Katy Jurado actuó en la película de Luis Buñuel, El Bruto.)

In Joaquín Ordoqui and the "greatness of the revolution" you can find a small remark confirming Alfredo Guevara's political involvement. And, if show how to connect him to Colonel Nicolai Leonov and the Eusebio Lopez Azcue, who really were Victor Pina Cardoso, Consul of Cuba in Mexico at the time of the assassinate of John F. Kennedy.

El blog de Tania Quintero: Joaquín Ordoqui y la "grandeza de la ...
taniaquintero.blogspot.com/.../joaquin-ordoqui-y-la-grandeza-de... ▾ Diese Seite übersetzen
01.02.2016 - Joaquín Ordoqui y la "grandeza de la revolución" ... Mesa, que Roberto Fandiño tecleó para dar copias a Chomón, Alfredo Guevara y el G-2.

El blog de Tania Quintero: febrero 2016
taniaquintero.blogspot.com/2016_02_01_archive.html ▾ Diese Seite übersetzen
29.02.2016 - Web, taniaquintero.blogspot.com ...... Joaquín Ordoqui y la "grandeza de la revolución". El miércoles 24 de septiembre de 2014, el periódico ...

(La conexión con los eventos en México se hará clara.)

En la siguiente etapa del desarrollo del ICAIC. "Cuando los rebeldes tomaron el poder el 1 de enero de 1959, fue el Che Guevara quien casi de inmediato los hizo hacer películas en nombre de la Revolución, estableciendo una unidad en la fortaleza de La Cabana que hasta quince días se utilizó para mantener la política Prisioneros Éste era el grupo central del instituto cinematográfico creado por el primer decreto del Gobierno Revolucionario sobre asuntos culturales, que empezó por hacerse cargo de los negocios cinematográficos (incluyendo un

estudio) de uno de los secuaces de Batista que habían huido del país. Posteriormente adquirirá los distribuidores locales, siendo principalmente las filiales de los mayores de Hollywood, y algunos cines ".
G. Cabrera Infante- fue novelista cubano, ensayista, guionista traductor. Sus padres eran miembros fundadores del Partido Comunista de Cuba.

Según el autor del artículo, "La sombra de Cuba" G. Cabrera Infante dice que está en deuda con el relato de Alfredo Guevara sobre la historia política de los primeros años sesenta. Confirmando que formaba parte de un pequeño grupo alrededor de Fidel Castro en los primeros meses de la Revolución. G. Cabrera Infante también confirma que los jóvenes cineastas estaban ansiosos de participar en el programa del instituto cinematográfico.

Alfredo Guevara consideró a G. Cabrera Infante como un hombre de profunda inteligencia política, un intelectual marxista que tenía un fuerte compromiso con la defensa de la libertad artística dentro de la Revolución; Sus detractores lo vieron como el siervo de Fidel Castro, encargado de mantener a los cineastas en línea. Esto puede verse en el Instituto y en el Comité Ideológico del Partido, que siempre tuvo un control más directo sobre la radiodifusión y la prensa.

(El número de películas cubanas que no llegaron a las pantallas es mucho menor que las producidas por la BBC sobre los problemas en Irlanda del Norte que fueron detenidos o archivados).

El problema que tuvo que afrontar el Instituto fue el de poner 266 películas de Hollywood sobre un total de 484 películas expuestas en Cuba en 1959. La oferta fue cortada por la declaración de Washington de bloqueo económico. La respuesta fue más películas de todas partes. G. Cabrera Infante dice que cuando el Che Guevara visitó Tokio en 1959 en busca de nuevos acuerdos de comercio exterior, preguntó por Alfredo Guevara sobre las posibilidades del ICAIC de distribuir películas japonesas y comprar equipo. El resultado fue que los cinéfilos cubanos pronto se vieron expuestos a una variedad más amplia de cine mundial que en cualquier otro lugar de América Latina, lo que a su vez estimuló la emocionante efervescencia del cine cubano en los años 60, el ICAIC comenzó a ganar premios en películas Festival en todos los continentes.

Tenían los medios para hacer un mito.

**Instituto Cubano del Arte e Industria Cinematográficos ...**

*de.wikipedia.org/.../Instituto_**Cubano**_del_Arte_e_Industria_Cinematogr...*

Die ersten Mitarbeiter des *ICAIC* waren meist Mitglieder der von Fidel Castro ... Gründungsdirektor *Alfredo Guevara* war seit gemeinsamen Studienzeiten an der ...

Bekannte kubanische Regisseure ... - Bekannte kubanische Filme ...

**Cuba's Shadow - ProQuest**

*search.proquest.com/openview/.../1?pq-origsite...* – Guevara became the head of a monopoly, for that's what the *ICAIC* was - and still is. ... the members of the Communist cultural apparat, *Alfredo Guevara* and Carlos ... or threatening, to buy out the numbers sung by the film's star *Ruben Blades*, ...

*En la sombra de Cuba, G. Cabreara Infante nos informa que todo, desde las películas de los edificios, se mostraban a las películas americanas pirateadas -todos los pies de las películas positivas y negativas- incluso para una cámara de caja, incluida la inestamatica que fue comprada en el extranjero por el ICAIC de la Unión Soviética Y Japón. El Instituto en el único productor y distribuidor único de películas cubanas y extranjeras.*
*La IACIA exportó películas cubanas y fue propietaria de todas las coproducciones cubanas. ICACI estaba en control de la censura de cualquier película realizada. Eran un poderoso instrumento de propaganda*

Varias veces, Alfredo Guevara se mostró harto de que siempre le estuvieran ...

cubanet.org

German Puig-

Para llegar al punto que quiero hacer, Fidel Castro nombró a Alfredo Guevara como el jefe del Instituto de Cine Cubano dos meses después de tomar Cuba. Esto no ha podido agradar a German Puig o Nestor Almendros y G. Cabrera Infante tanto como fundaron ICAIC en 1950.
Lo interesante de German Puig es que enseñó a Alfredo Guevara en México el cine y el cine; Donde se reunió con todos los productores y actores relevantes.

**Notas para una prehistoria: antes de llegar al baile... - La ...**
*www.lajiribilla.cu/2011/n541_09/541_03.html* Por esa fecha el yucateco Manuel *Barbachano Ponce* (1924-1994), productor ..... *Aníbal* de Mar, Leopoldo Fernández y Mimí Cal en sus creaciones de Pototo,

Este programa me dice que Manuel Barbachano Ponce firmó el contrato para hacer la película 'Cuba Dance' cuando escala en La Habana en ruta a México; Listo para producir con Luis Brunel. En esta breve estancia se reunió con Guillermo Cabrera Infante, Tomas Gutiérrez, Paco Rabal, Alfredo Guevara el equipo cinematográfico de Cine-Magazine.

Alfredo Guevara, quien luego viaja con ellos a México, oficialmente para trabajar en la película, pero en realidad estaba en una misión relacionada con el suministro de armas a los insurgentes. Alfredo Guevara tenía el control de la actividad cinematográfica; Él controlaba no sólo la realización de películas, sino también el marcial como la película, las cámaras. Nadie podía hacer una película sin su permiso.

(Quiero decir, Alfredo Guevara estaba en el juego de las armas y la propaganda.)

**Escuela Internacional de Cine y TV de San Antonio de los Banos, Cuba**

Fundada en 1986 por el escritor Gabriel García Márquez, el poeta y cineasta argentino Fernando Birri y el cineasta cubano Julio García Espinosa, la escuela atrae a estudiantes de más de 50 países. Después de completar un año de estudio general, los estudiantes pueden concentrarse en temas como la escritura, dirección, edición, producción y sonido y también participar en talleres internacionales.

En el libro "La viuda de Montiel", México, Venezuela, Colombia y Cuba, 1979, el nombre de Katy Jurado y su conexión con ICACI.

Debajo de este párrafo he escrito una dirección que muestra las relaciones de trabajo entre algunos de los involucrados en la elaboración del mito del Che Guevara. Nombres como Mario Vargas Llosa y Jean-Luc Godard, Regis Debray, Giangiacomo Feltrinelli. Los nombres de Anna Magnani-Katy Jurado también aparecen junto con Gabriel García Márquez,
(Mario Vargas Llosa ha declarado que la Madre del Che se quedó en su apartamento en París después de que tuvo que salir de Argentina).

***La viuda de Montiel*, Mexico, Venezuela, Colombia and Cuba, 1979**

| | |
|---|---|
| *Production:* | Cooperativa Río Mixcoac, Universidad Veracruzana, Macuto Films, ICAIC, Macondo Filmes, Marusia Filmes. |
| *Director:* | Miguel Littín |
| *Writing Credits:* | Gabriel García Márquez (short story), José Agustín, Miguel Littin (screenplay) |
| *Cinematography:* | Patricio Castillo |
| *Music:* | Leo Brower |
| *Film Editing:* | Nelson Rodríguez |
| *Cast:* | Geraldine Chaplin, Nelson Villagra, Katy Jurado, Ernesto Gómez Cruz, Pilar Romero, Reynaldo Miravalles, Alejandro Parodi, Ignacio Retes, Jorge Fegan, Emilia Rojas, Eduardo Gil |

**Gabriel García Márquez and the Cinema: Life and Works**

*https://books.google.de/books?isbn=1855662833* - Alessandro Rocco - 2014 - Performing Arts
... Universidad Veracruzana, Macuto Films, *ICAIC*, Macondo Filmes, Marusia ... Nelson Villagra, *Katy Jurado*, Ernesto Gómez Cruz, Pilar Romero, Reynaldo ...

Katy Jurado filmography - Wikipedia, the free encyclopedia

*en.wikipedia.org/wiki/Katy_Jurado_filmography*

This is a complete filmography of *Katy Jurado*. Jurado .... 1976, Pantaleón y las visitadoras, "La Chuchupe", *Mario Vargas Llosa* · José Sacristán, Rosa Carmina.

Germán Puig | кино-глаз

*https://manuelzayas.wordpress.com/tag/german-puig/*

Posts about *Germán Puig* written by Manuel Zayas. ... Mentor político de Fidel y Raúl Castro, *Alfredo Guevara* (1925-2013) ejerció algún ... de Arte e Industria Cinematográficos (ICAIC), fundado por él en *1959*, era una institución obsoleta. ..... que regresaba muy enfermo desde *México* después de trabajar con Luis Buñuel, ...

Luis Buñuel Portes se trasladó a México después de su participación en la política y las ideas que estaban por todas partes en la Guerra Civil pre-española. Se unió a la Parte Comunista de España (PCE) en 1931. Luis Bunuel hizo la película 'El Bruto' con Katy Jurado.

Goffredo Alesandrini fue otro marido atribuido a Anna Magnani; Ha trabajado muy de cerca con Gabriel García Márquez. Ellos hicieron la película 'The Wild Bunch' 1969 con Jean Luc Godard.

Ayn Rand escritor guionista y filósofo ateo fue un asociado de Gabriel García Márquez y Giangiacomo Feltrinelli. Giangiacomo Feltrinelli tenía el hábito de publicar sus libros.

Giangiacomo Feltrinelli fue considerado casi un miembro del partido comunista ruso hasta que hubo controversia sobre Boris Pasternak (doctor Zhivago) (él era también un poeta.)

(Mario Llosa y Gabriel García Márquez señalan que el Premio Nobel de Literatura estaba envuelto en política, Boris Pasternak no aceptó el premio en 1958 por temor a que no se le permitiera regresar a su país de origen).

'Senior Service' de Carlo Feltrinelli le informa sobre la importancia de los contactos comunistas de Giangiacomo Feltrinelli con los rusos.

Roberto Rossellini fundó la Compañía Italiana de Cine 'TEVERE' en 1947.

El hecho es que puedes dar vueltas y vueltas en círculos con autores y poetas estrellas de cine con puntos de vista políticos, una cosa que te das cuenta es en cada esquina, en cada camino cruzado Gabriel García Márquez está de pie.

Regis Debray's MEDIA MANIFESTOS - Cultural Logic

*clogic.eserver.org/2-1/szeman.html* von R Debray - *Media Manifestos* is a *book* that is fundamentally about materialism rather than the ... manifestos for

"mediology," a practice that explores "the *Technological* ...
Regis Debray attended Giangiacomo Feltrinelli's funeral. Regis Debray's book 'Media Manifestos' on technological traismmissions, *he is interested in gullible TV watchers.*
EICTV
Escuela Internacional de Cine y Televisión: Inicio
*www.eictv.org/*
Atrás. Estudio de sonido · Consultoría y asesoría de guiones · *EICTV* Producciones · Publicaciones .... GALERIA | Igor Martinovic en la *EICTV*. igor_martinovic_1 ...
Have schools in Cuba and Brazil.

Fidel y Gabo. Un retrato de la amistad legendaria entre Fidel Castro y Gabriel García Márquez. Un libro escrito por Angel Esteban y Stephanie Panichelli nombra otros que podría incluir en este capítulo. Los pensamientos del neorrealismo italiano ha llegado a otras tierras películas, se vuelven universales. Algunas películas se hicieron en Chili, el otro lugar popular para hacer películas fue Cuba. UNEAC la unión de escritores y Artista de Cuba

**FNP- Fundación Nuevo Periodismo Iberoamericano: La ...**
*www.**fnp**i.org/*
Organización sin ánimo de lucro creada y presidida por el periodista y escritor *Gabriel García Márquez*,

Premio Nobel de Literatura. Su misión es promover la ...
Roberto Rossellini founded the Italian Film Company 'TEVERE' in 1947.
Escuela Internacional de Cine y Televisión: Inicio
*www.eictv.org/*

**'Wege Der Revolution Che Guevara. 9 783940 415516**

Esta película se puede encontrar en la mayoría de los idiomas. No podría haber sabido lo importante que era, hasta que yo había clavado el funcionamiento interno del ICAIC. ¡Había caído en mi mano mientras vagaba por el departamento de la película de una tienda bien conocida!

Lo que hace tan importante esta película es que muestra a Ciro Bustos como un asesor estadounidense que sale de un jeep, bajo el nombre de Felix Ramon. El mismo nombre de código que Felix Rodriguez, Oliver North usado.

La película muestra a dos hombres que interpretaron el papel de los hermanos del Che Guevara. Se nos dice que son asesores e interrogadores militares.

Los mismos dos hombres deben ser vistos como abogados de Ciro Bustos y Riges Debray en Camiri; En el camino de la fiesta de la muerte de Che Guevara en La Higuera.
(Espías-CIA-mentiras-terrorista-Che Guevara ISBN 9783738674453. Explica con más detalle.)

La película también muestra a Salvador Allende saludando a los sobrevivientes de la muerte. ¡Uno de los cuales parece un buen viejo Che! Y si eso no es suficiente, ahí está el cerco donde se filman los compañeros del partido de Che, regresando a Cuba, Jubilosa! En la parte trasera se puede ver a un hombre rebotando de alegría-Che Guevara.
¡Pero! No es por eso que he mencionado esta película en este momento.
Es una película ICAIC.

Quiénes eran el ICAIC = Alferdo Guevara y Gabriel García Márquez.
Y otros miembros del ICAIC como Manuel Pérez y Tomas Gutierez, Rebeca Charvez, Pedro Chaskel.
Todos tienen Wikipedia que explica su conexión con el ICAIC.

En el folleto con la película dice que Pedro Chaskel era conocido por sus documentales, líder de la Cineteca Univircitaria de Cile. Trabajó con Miguel Littin entre otros. (Miguel Littin trabajó con Katy Jurado.)
Rebeca Chavez Trabajó ocho años con el reconocido documentalista cubano Santiago Alvarez, fue su investigadora, guionista y asistente de directores.
Santiago Álvarez es un cineasta nacido en Cuba.
Dirigió el segundo capítulo de la película "Historie (S) du Cinema", del director francés Jean-Luc Godard.
¿Quiénes eran el ICAIC? Alferdo Guevara y Gabriel García Márquez.

## Chapter three.
## Interconnecting people and places.

¡El Che Guevara tenía que ser creado, venido de alguna parte! Quiero señalar que sus nombres se interconectan entre sí, no quiero establecer largas listas de sus conexiones, pero siento que una lista corta con información será útil cuando vea cómo se tejió el plan.

Jean-Luc Godard-
Jean Luc-Godard hizo la película "Lejos de Vietnam" en 1968. Fidel Castro estaba en esta película.

Regis Debray-
Regis Debray, para señalar que estaba en Bolivia al mismo tiempo que Che / Bustos no es lo que quiero decir escuchar. Conoció a Fidel Castro cuando tenía diecinueve años; Que fue en 1959. A los veintidós años tuvo una poción de profesores en la Universidad de La Habana. (El edificio del ICAIC se apoya en los edificios de la universidad.) (Al igual que la Internacional de Cine y
Escuela de Televisión de San Antonio de los Baños. Dirigido por Gabriel García Márquez.) - EICTV. Regis Debray tenía sólo veintisiete años cuando estuvo presente en Bolivia. ¡Joven impresionable! Ha escrito un guión para Katy Jurado- El uso del Método.

**El recurso del método - Watch Full Movie Online FREE ...**

*anontv.com/.../449754-the-recourse-to-the-**method***
Alejo Carpentier; *Régis Debray*. Stars: *Katy Jurado* · Nelson Villagra · Ernesto Gómez Cruz ... Cast; Reviews; Comments; Images. *Katy Jurado*. La Mayorala ...
He is known to be a film citric. In an article- Against Venice, 'he writes'- 'Don't tell me it is possible to like Anna Magnani.'

**El rescate de lo popular en forma de cine revolucionario ...**

*reflexionesmarginales.com/.../el-rescate-de-lo-popul...*
01.04.2014 - ... publicó en la Isla el ensayo de *Regis Debray* ¿Revolución en la revolución? ... Entre los errores que Debray detecta en la lucha por la liberación ..... en
http://www.*eictv*.co.cu/miradas/index.php?option=com_content&task= ...

Cinema Verite es un estilo de cine documental (se tocó en Chnonique). Esta forma Regis Debray se clavó en París antes de irse a Cuba. En el libro de

Regis Debray -
Media Manifestotos, sobre las Transmisiones Teóricas de las Formas Culturales. En la página 144 habla sobre la credulidad del observador de la televisión. *Ha escrito el libro a la película sobre*

*Monika Ertl. Sus libros han pasado por las manos de las editoriales Feltrinelli. Le gustaba citar a Fidel Castro, al igual que Claire Sterling.*

Katy Jurado y Mario Vargos Llosa-
Pantaleony Las Visitadoras.
Luis Brunel, Carlos Funta-Divino.
Gabriel García Márquez- La Viuda de Montret.
Anna Magnai con Luis Brunel en México- La Rosa Tatuada.

**Gabriel García Márquez. Posee las escuelas- inició las escuelas de cine y periodista de cine.** Internacional de la Escuela de Cine y Televisión de San Antonio de los Baños. Esta preocupación tiene una sucursal en Roma, Santa Fe.
**Universidad Central de Comombia.** Dependiendo de que Wikipedia lea le dice que tiene sucursales en todo el mundo.
La Wikipedia de Katy Jurado nos dice que se estaba entrenando como periodista y que Claire Sterling se formó en la mencionada universidad. El padre del Che que declaró que su esposa, (afirma que era la madre del Che.) Fue corresponsal en la Guerra Civil Española.

**Fernando Birri-**
El EICTV estaba vendiendo la idea de Guevara romántico, él como uno de los miembros fundadores de la EICTV salió de la jubilación para hacer la

película-Che muerte de una Utopía? = Che, la muerte de la utopía?
Fernando Birri, amigo íntimo Gabriel García Márquez, Birri fue el hombre detrás de los premios cinematográficos y por todos los artistas de la cadena. Una de sus ayudas fue Pier Pablo Pasolini. (Quién dirigió Anna Magnani.)
La otra película de interés que Fernando Birri hizo después de su retiro fue Mi Hijoel Che. = Mi hijo Che.
¡Sorpresa! Esta película contiene una entrevista con Ciro Bustos y Regis Debray.
Francisco Rabal-Paco es un actor. Trabajó con Pier Paolo Pasolini, Hexer Von Heute.

Luis Brunel = Caster.

Katy Jurado = Diven

Francisco Rabal-Paco es el actor que tomó la parte del Che en la película de 1968, dirigida por Fernando Birri. La película sobre el Che se ha dado muchos nombres, pero el elenco es el mismo. Bloody Che Contra es sólo una manera de encontrarlo!

Bloody Che Contra (1968) - Los comentarios de los usuarios de IMDb
Www.imdb.com/title/tt0064157/
Bewertung: 5,6 / 10 - 68 Abstimmungsergebnisse
Con Francisco Rabal, John Irlanda, Susanna Martinková, Howard Ross. ... o similares, ni siquiera

nombran a Regis Debray, en lugar de eso simplemente lo llaman el "francés ...

Mario Vargas Llosa era miembro del parlamento peruano. Cargador de Asuntos a Chili. Escritor y poeta con un Premio Nobel y contó con el Premio Venezolano Romulo Gallegos. Al igual que escribir el guión de Katy Jurado. Hay evidencia de que los hombres peruanos eran soldados adicionales en Sera Master:
luzpensamientoylibertad.blogspot.com/.../libro-hilda
Escrito por Ricardo Gadea Acosta.
Ricardo Gudea  Acosta fue el hermano de Hilda Gadea! ¡La primera esposa del Che Guevara!

Mario Vargas Llosa era miembro del parlamento peruano. Cargador de Asuntos a Chili. Escritor y poeta con un Premio Nobel y contó con el Premio Venezolano Romulo Gallegos.
En la carta abierta "Perú 21" se dice que Mario Vargas Llosa fue hospitalario con Celia de la Serna Llosa. La madre del Che. La señora que le pidió que ayudara a Celia era la primera esposa de Hilda Gadea Che.

Mario Vargas Llosa afirma que Celia de la Serna Llosa era una amiga cercana de la familia de Mario Vargas Llosa. Él y su primera esposa, Julia Urqnidi, eran guionistas, así que se casaron en 1955. Julia Urqnidi me dice en su entrevista que su relación era cercana; Ellos viven juntos, ella y Celia fueron al

teatro juntos y cuando Hilda Gadea necesitó ayuda, estaba allí para apoyarla.
(Mario Vargas Llosa comenta que "Celia de la Serna Llosa no tenía dinero para pagar un hotel, estaba en su casa antes de regresar a Buenos Aires donde fue encarcelada y poco después de su liberación, murió").

Froilan Gonzalez me dijo - un conductor de automóviles de renombre mundial, que viajó la palabra libremente; Sobre un editor argentino Adys M Cupull.
Adys M Cupull - es un autor para un editor político. En 'Unfinished Song', por la cual ganaron premios literarios en Cuba en 1998. (Me enteré de que forman parte de la máquina de propaganda, y que podrían ganar premios por sus esfuerzos).
Editorial política "Canción inacabada", afirma que Celia viajó desde Salto, Uruguay con abundante material proclamando la propaganda comunista de Fidel Castro; Donde fue arrestada. Me dicen que era el veintiocho de abril; Ella fue registrada como peligrosa.

**Alego Carpentier** estuvo a cargo de la publicación estatal cubana y disfrutó de una amistad con Jouis Jorvet director de teatro francés y fue embajador de Cuba en Francia en 1975 y ganó el Premio Cervantes en 1977. Esto me dio la idea de que "los poetas y sus premios podrían ser un Forma útil de transferir dinero e información. El nombre de Alego Carpentier está conectado al dinero público que se entrega a la guerrilla Che Guevara hay muchos rumores que flotan en el Internet sobre esto.

Julio Cortazar- traductor / poeta / traductor de la UNESCO. Actor / escritor.

Se conecta con Jean Luc Godard y se puede ver en las películas de Pier Paolo Pasolini.

Como lo harán con Fidel Castor y Salvador Allende. Solo por interés la Wikipedia me dice que pasó su infancia en las afueras de Buenos Aires, fue maestro en una escuela secundaria en Buenos Aires Chivilcoy y más tarde en Bolivia. Interesante leer que era profesor de francés en la Universidad Nacional de Cuyo Mondoza. Una de las Wikipedia me dice que fue el embajador de Chile en Francia. Murió en París 1984.

Escritores / poetas / periodistas!

Perú-

Lucho Loayza = escritor / poeta / periodista.

(Está en muchas fotos con Mario Vargas Llosa.)

Raúl Porras Barrenehea = escritor / poeta. Premio literario. Cancún peruano en el gobierno de Salvador Allande. Creído haber sido asesinado poco después de la muerte de Allande,

El hermano de **Hilda Gadea** fue el contacto de Castro con el barón de la droga de Esterban Colomban, Claire Sterling puede explicar la conexión de la mafia.

**Ricardo Gadea Acosta-** es un autor, un periodista que escribió un lamento a la muerte de Javier

Herard. Uno de los poetas-guerrillas perdió en la campaña de Salsa.

Como autor Ricardo Gadea Acosta ha hablado sobre la revolución y su influencia en las Américas del Sur. Muchos de sus comentarios están en un programa de filosofía sobre la red cubana.

Había leído en Ricardo Gadea Acosta 2013, 15 de mayo "Javier en la memoria". Que había estado en Cuba para compartir su defensa en abril de 61 en la Bahía de Cochinos.

Http://nuestrabandera.lamule.pe/2013/05/18/javier-en-el-recuerdo

Como peruano había recibido entrenamiento militar, bajo las instrucciones de Fidel Castro. ¿¡Él es peruano!?

Ricardo Gadea Acosta es hermano de Hilda Gadea Acosta. Hilda Gadea Acosta fue la primera esposa de Che. Y el contacto de Fidel Castro con Pablo Escobar.

Hilda Gadea Acosta fue la primera esposa de Che, madre de Hildita mi hermanastra, he encontrado una foto de ella (deseo poder abrazarla) con Alberto Grundy. En esta foto se ve tan dulce, me gustaría poder haberla conocido; Se dice que ella está muerta, hay fotos de su tumba. (Quién sabe que tantos han usado esta manera de ganar otra identidad-simplemente deseando.) Una cosa buena es Hildita tuvo dos hijos y no sólo uno.

"Diario de Bolivia" books.google, de / books me informó sobre la relación hermano / hermana.

**Aurora Camacho Schmidt**. Ella a su vez es Hilda Gadea sobrina Acosta, la tía de mi hermana. Escribió el libro "Sobreviviendo a la guerra sucia de México". Memoria de un preso político.

La foto de Aurora Camacho Schmidt está en un artículo escrito por Mario Vargas Llosa. El artículo dice que le pidió a Ghost que le escribiera un libro. 'Blanco y Negro.' Leereluniverso-blogspot-.com.

La foto en el artículo que he emparejado con uno como mira hoy. Dicen que la señora que encontré con el nombre 'Cata Podesta pidió un libro para ser escrito para ella, dicen que nació 1909 y murió 2009. Aurora Camacho Schmidt todavía está viva y es profesora de español en los EE.UU.

Promotions Recognize Faculty Across theDisciplinesswarthmore.edu

Cata Podesta la teorice autor del libro'Pieles negras y blancas',...

Leereluniverso.blogspot.com

Argentina-
**Jorge Luis Borges** = escritor / poeta / periodista. Recibió el premio literario de Jerusalén 1971. Estaba en la escuela con Ernesto Guevara Lynch, el padre de Che, que fue expulsado de esa escuela por golpear al mismo Jorge Luis Borges.

Jorge Luis Borges trabajó con Mario Vargas Llosa en el Sistema Nacional de Radiodifusión de Argentina.

**Lucia Álvarez Toledo libro** 'La historia del Che' el editorial es de Seix Barral. (Sólo una observación!) Esta señora está relacionada con la de la Serna y la familia Llosa, un contacto más fuerte que vivir en el mismo barrio. (Ella podría ser la madre del hermano del Che, Fernando L. Chávez Alvarez, que yo dije usó otras identidades como Jean Luc Godard.) Otro punto interesante es que tradujo el libro de Alberto Granado, 'Viajando con Che Guevara. La fabricación de un revolucionario. "¿Era parte del equipo que hacía el mito?

**Fernando L. Chávez Álvarez**, que digo usaba otras identidades como Jean Luc Godard.
Solo por interés la Wikipedia me dice que pasó su infancia en las afueras de Buenos Aires, fue maestro en una escuela secundaria en Buenos Aires Chivilcoy y más tarde en Bolivia. Interesante leer

que era profesor de francés en la Universidad Nacional de Cuyo Mondoza.

Cuba-
**Guillermo Cabrera Infante** = escritor / poeta / periodista y traductor / guionista / crítico de cine. Trabajó en Bruselas / Bélgica / Londres. Conocido en algún momento como partidario de Castro.

**Jose / Pepe Rodríguez Feo** = escritor / poeta / periodista / traductor. Español a inglés, crítico de litro.

Nicolas Guillen = escritor / poeta / periodista. Compositor de canciones. Él escribió la canción-Che Guevara. Él era políticamente activo. Un ministro del gobierno cubano.

Chile-
**Jorge Edward Volde** = escritor / poeta / periodista. Ganó premios literarios. El embajador de Chili en Francia.

**Pablo Neruda** = escritor / poeta. Diplomático. Aceptó un premio del gobierno peruano. Era miembro del gobierno de Salvador Allende. En cada Wikipedia que leo me dicen que Pablo Neruda es el poeta favorito del Che Guevara.

Venezuela-

Republica Bolivariana de Venezula
**Romules Gallegos** = escritor / poeta / abogado. Politian. Fue un presidente electo la república. Ganador del Premio Nobel.

España-
**Carlos Barral** = escritor / poeta / periodista / actor / editor propietario de la organización Seix Barral. (Partido socialista de Cataluña España.)
Para ser visto en películas dirigidas por Pier Paolo Pasolini.

*(La gente puede estar conectada entre sí como escritores / ganadores de premios de poetas - políticos*
*Poetas como Vidadyo Telleboim. Fue el líder chileno del Partido Comunista.*
*Nicolás Guillén recibió el Premio a la Paz de Stalin.*
*El Emir Rodríguez Monegal de Uruguay también recibió premios litúrgicos.*
*No sé si bebieron té juntos, pero una red de comunicación se ha desarrollado en el mapa que he dibujado en un pedazo de papel de pared.)*

**Alberto Szpunberg** = Albertito. Este nombre me está cursando algún pensamiento. En primer lugar es poeta, argentino, miembro fundador de Brigada Masetti.
Alberto Szpunberg- Mistica, Lirica y política - Revista N - Clarín
www.revistaenie.clarin.com/La_Academia de_de_Pi

Un amigo cercano de Ciro Bustos como se afirma en el propio libro de Ciro.

Alberto Szpunberg como un artista cuyo trabajo he confundido a menudo como el trabajo de Ciro en el Internet.

(Ciro llegó a mi conocimiento en un párrafo en el libro de Jon Lee Anderson donde dijo, Ciro Bustos pintó maravillosos retratos de personas sin rostro.) Esta fue la observación que lo hizo interesante para mí.)

Hay una pregunta en mi mente-Comparten la misma etapa política-que ambos se supone que son argentinos no me molesta, pero su cercanía en su trabajo de arte dosis.

La pintura del retrato es un arte que puedes aprender. El hecho de que tengan tanto en común, abre la posibilidad de que dichos dibujos pudieran haber sido hechos por otra mano.

**Ciro Algaranaz**- es interesante, ya que no estaba claro lo que estaba haciendo! Puse en Ciro Bustos y Ciro Algaranaz en la red. Las respuestas que obtuve fueron, él estaba-

El alcalde de Camiri -

Vecino del Che en prisión boliviana!

En la página trescientos sesenta y uno del libro de Ciro Bustos "Che quiere verte" ISBN 978-1-78168-096-4 me dice que Ciro Algaranaz ocupó la misma celda que él. Ciro Algaranaz fue detenido por su conexión con el presunto negocio de la cocaína.

**Elisabeth Burgos-Debray-**

La mayor parte de la gente que busco se puede encontrar en los papeles de Elisabeth Burgos-Debray en el Inventario de Documentos de Elizabeth Burgos-Debray. En la Institución Hoover.

Una y otra vez me he encontrado con nombres que figuran allí. (Sólo para confundirme algunos de los nombres tienen otras ortografías o nombres diferentes o están bajo diferentes nombres, pero al hacer referencia a las listas de Elisabeth Burgos-Debray, me dicen quién estuvo involucrado.)

David Stoll no estaba de acuerdo con Elizabeth Burgos-Debray sobre su creación de Rigoberta Menchu. David Stoll es tan lejos como para decir que era una mentira fabricada. Esto hizo que la heroína torturara a Guatemala, provocando disturbios políticos. Todo era una mentira construida.

Elizabeth Burgos-Debray tiene una caja / carpeta: 21: 33 en una Acosta. Esta señora también construyó Daniel Alarcón Ramírez = 'Benigno'. Memorias de un Soldado Cubano, 1997.

Elizabeth Burgos-Debray tiene por Jorge Masetti, notas, 1999 y primer borrador, 1999. El segundo borrador tiene la misma fecha. Caja / carpeta: 8: 9-11

Pensó que ella lista de la lista de los abogados en el Riges Debray, Ciro Bustos juicio no tiene un archivo de Ciro Bustos.

Capítulo cuatro
Ricardo Gadea Acosta
Y el álbum de fotos de mi madre.

RICARDO GADEA
agenciadenoticiaslima.com.pe

¡Está demostrando ser de gran interés! He dicho con ligereza que era el contacto de Fidel Castro con Pablo Escobar, en ese momento yo no había examinado exactamente cuál era la conexión.
Tuve que repasar la historia del Perú. Para averiguar que Hilda Gadea había sido expulsada del Perú en 1949. Estaba viviendo en el exilio en México; Hilda apoyó a otros exiliados.

Luis de la Puente conoció a Hilda en la embajada colombiana a fines de 1954. Se nota que es un activista político y una guerrilla peruana.

Perú era un país que necesitaba reforma: Perú tenía 6.000.000 de agricultores y 2.000.000 de trabajadores. Una tierra que se eleva a 3.800 pies sobre el mar y profundamente dividida por cuervos cortados por ríos. La gente acudía a las ciudades a nivel del mar en busca de trabajo y comida sólo para vivir en barrios marginales. Solamente los consorcios grandes podían proporcionar caminos y puentes, los trenes etc. que llevaban a la gente al rescate. Si he entendido bien; Una tierra donde los ataques de la guerrilla en el sistema de transporte serían los núcleos de la interrupción.

**Luis Felipe De la Puente Uceda** ( 1 April of 1926 Santiago de Chuco, Perú - 23 de octubre de 1965) fue un activista, político y guerrillero peruano que protestó contra la coexistencia y la coalición política entre su partido APRA y las fuerzas conservadoras que sustentan el segundo gobierno de Manuel Prado Ugarteche.

IMAGENES Y TEXTOS SELECCIONADOS:
LUIS DE LA PUENTE UCEDA EJEMPLO DE AMOR AL PAIS
Imagenesytextosselectos.blogspot.com
Las referencias "vienen de -
LUIS DE LA PUENTE UCEDA EJEMPLO DE AMOR DEL PAIS
José Carlos Mariátegui, Luis de la Puente Uceda, el MIR y la Revolución Peruana

Recopilación de textos e imágenes realizados por el Dr. Fernando Mejía Durand en el noveno aniversario de SAN LUIS RENACE (17 de febrero de 2002-2011)

Álbum de fotos de mi madre.
De las fotos de mi madre de su álbum.

A

B

Me tomó muchos años para averiguar algunos de los nombres de la gente en las fotos. Las fotos fueron tomadas en el campamento donde se preparaban para la expedición con el bote 'Granma' bajo la dirección de Alberto Bayo. (Este nombre aparece en '¿Por qué se han mezclado sus identidades con otros?)

En la foto (A) Hilda Gadea está en el medio. No es fácil de ver, Hilda sostiene la bandera cubana.

En la foto (B) la dama en el medio es mi madre. A su alrededor están Héctor Pérez Marcano y Raúl Menéndez Tomassevich con Ricardo Gadea Acosta en primer plano. Frank Pais a la derecha. En la foto (A) está mirando sobre la tapa de Hilda Gadea

Capítulo cinco.

¿Por qué se han mezclado sus identidades con otras?

¿Por qué hay tantas identidades mixtas en torno a la conspiración del Che Guevara?
En el capítulo "Interconectando personas y lugares" dos nombres comparten la misma semejanza, Aurora Camacho Schmidt y Cata Podesta.

¿Los dos, Intis?

Guido Álvaro Peredo Leigue
cerrocalvo.blogspot.com

Pier Paolo Pasolini-
paginecorsare.my blog.it.

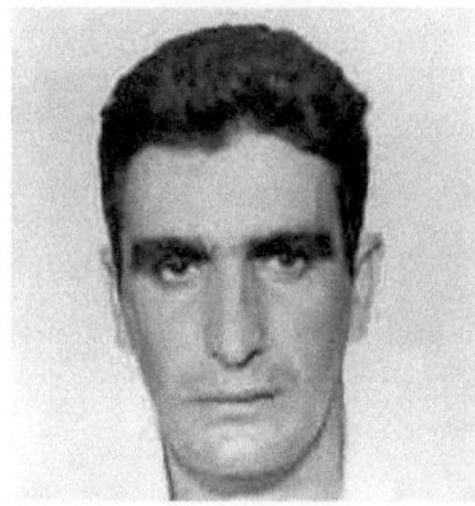

Guido Alvaro "IntI" Peredo .
genealogiadelcheguevara.blogspot.com

Guido Alvaro Peredo Leigue 'Inty'. 'cerrocolvo. Blogspot.com'

Ya que este programa proviene de Santa Clara donde está el museo Che Guevara, se podría pensar que saben! En el mismo programa se puede ver a Lucio Ediberto Galvan Hidalgo. Se parece a Guido Alvaro Peredo Leigue 'Inti' a pesar de que su barbilla está desaparecido!

He puesto a Pier Paolo Pasolini entre los dos Intis, para mostrar la semejanza entre él y Guido Alvaro Peredo Leigue. Como Inti o Inty se suponía que había tomado el control del Che Guevara después de la fiesta de la muerte, debería tener la misma cara.

Los siguientes hombres son interesantes:

General Enrique Jurado- General Bayo-

ATRÁS

generalisimofranco.com ….

General Enrique Jurado.

**Alberto Bayo, 1959 (Charlie Seiglie/Bohemia) cuba1952-1959.blogspot.com**

**Alberto Bayo – Wikipedia**

*de.wikipedia.org/wiki/Alberto_**Bayo***

*Bayo* war Sohn des spanischen Offiziers Pedro *Bayo* Guia und der aus Puerto .... Mis versos de rebeldía (Mexiko 1958); Sangre en *Cuba* (Mexiko 1958); Mi aporte a la ... El *general* que adiestró a la guerrilla de Castro y el Che, Debate 2007.

**Alberto Bayo - Wikipedia, the free encyclopedia**

*en.wikipedia.org/wiki/Alberto_**Bayo***

Nació en Cuba y estudió en Estados Unidos y España. Bayo es más ... el mismo período. Alberto Bayo murió general de las Fuerzas Armadas Cubanas.

¡El perfil de este hombre es interesante! Fue conocido por sus actos en la Guerra Civil española. Fue el general que entrenó a los hombres para el viaje del Granma a Cuba. 1956. La imagen de este hombre no concuerda con la del General Bayo que se muestra en la propia cuenta del Che Guevara (OTRA VEZ).

Alberto Bayo as seen in Back on the road. (otra vez) che Guevara

"Che" (centre) with Reinaldo Benítez Nápoles, Alberto Bayo and Universo Sánchez at the Miguel E. Schulz 136 prison.

Las fotos son de 'Ernesto Che Guevara, De vuelta en la carretera'. (Otra Vez) Un viaje por América Latina. ISBN 0-8021-3942-6. El libro ha sido impreso en tantas versiones que una noche de número ISBN no es necesaria. Tampoco un número ISBN para "Che Guevara-una vida revolucionaria de Jon Lee Anderson" Su libro no ha utilizado las mismas fotos pero si usted mira en CHE Die Fotobiografie de Christophe Loving -ISBN 978-3-88897-488-5 Esta dosis de libro. Junto a una foto de Che en una montaña hay un grupo donde se puede ver el General Jurado o el General Bayo y esta foto debe haber sido tomada al mismo tiempo que las otras.

Me podría excusar por pensar que son el mismo hombre !?
¿Este General Bayo !?

General Bayo-

¿Cuál fue la guerra de Sivel? Como tantos han estado involucrados en la Guerra del Sival español, de la madre del Che reputly como un journallist en la guerra (según lo dicho por su marido), Cayetano Córdoba Itubura de su hermana fue dicho para haber sido un periodista que cubre los acontecimientos de la guerra. El general Jurado fue aclamado por sus hechos en la misma guerra que el general Bayo.

Genaral Jurado fasanó al joven Che con historias de acción cuando tomó el refuege con la familia Gervara después de tener que salir de España. ¡Nos dijeron!

**VILLA GRANADILLO: EXTRANJEROS ...**

***villagranadillo****.blogspot.com/.../****extranjeros****-internaci...*

05.03.2015 - *EXTRANJEROS*

INTERNACIONALISTAS QUE MAS DAÑO LES HAN HECHO AL PUEBLO DE CUBA EN SU HISTORIA ...

El general Bayo- pasó a ser miembro del nuevo gobierno después de la revolución en Cuba. ¿Qué cara tenía? Su nombre se relacionaba con las reuniones celebradas en Tarara, una mansión junto a la playa a unos veinte kilómetros de La Habana, donde se informó que se habían hecho planes para crear mercenarios.

Nombres como Alfredo Guevara como cineasta se pueden encontrar en las listas de los asistentes a dichas reuniones.

Solo por interés Manuel Prieres que escribió el artículo en el Villa Grandillo, nos dicen que el árbol comunista chileno estaba en este grupo. El español Albert Bayo (Coronel de la República Española, comunista, cuya formación militar Fidel Castro y sus hombres tomaron en México).

ESPAÑOL

**18) Alberto Bayo** (Coronel de la República Española, comunista, quien estuvo entrenando militarmente a Fidel Castro y sus hombres en México).

**Bayo: Segundo de izquierda a derecha**

Bayo (Segundo de izquierda a derecha) independent.typepad.com

Otro par de hombres diferentes con los mismos nombres se cierra a Che Guevara?

`Claire Sterling`- Se dice que este hombre es el esposo de Claire Sterling.

  About Thomas Sterling · 39104. Thomas L. Sterling (* 1921; secretary, ...goodreads.com

Este hombre parece el editor de Claire Sterling se parece a Thomas Sterling! Incluso con las malas fotos la semejanza a su redactor Max Ascoli era un redactor se puede considerar.
Max Ascoli-

USA. New York, NY. 1964. Editor, Max ASCOLI, at the reopening of the Museum of Modern Art.

Max Ascoli

Thomas Sterling

Max Ascoli como editor de la revista 'The Reporter' se podía ver abrazando a Magnani.

MEDEA 1966 REGIA GIANCARLO MENOTTI ANNA MAGNANI 1973 REGIA F ENRIQUEZ ...
archiviofoto.unita.it

**Medea 1966 regia giancarlo menotti anna...**

Medea 1966 regia giancarlo menotti anna magnani 1973 regia f enriquez valeria moriconi 1996 regia mario missiroli valeria moriconi altri

Vi a Anna Magnani con un Che y un hombre que se parece a su marido. ¡No, no su marido sino Claire Sterling! ¿Tomas Sterling !?

¿Por qué este hombre parece la vida del esposo de Claire Sterling?

This photo is from MEDEA 1966 REGIA GIANCARLO MENOTTI ANNA MAGNANI 1973 REGIA F ENRIQUEZ ... archiviofoto.unita.it

Mira lo que pasó cuando miré el libro de Claire Sterling, 'The Terror Network'.
Franklin Jurado- Jose Santacruz Londres
Mira a la siguiente persona de interés, su nombre que encontré en un artículo escrito por Clair Sterling sobre Franklin Jurado. ¡Quién acaba siendo un poderoso miembro de la Mafia! Tan poderoso que también tuvo el nombre José Santacruz de Londres, con este nombre que dirigió el Colomben Mafi. En Law Citations se pueden encontrar algunas de las acusaciones que tuvo que responder.

John S. Siffert - LawCitations.com
www.lawcitations.com/case/n/john-s-siffert - Diese Seite übersetzen
John S. Siffert, Asst. U. S. Atty., Southern District of New York, New York City ... Herbert Jordan, New York City (Rabinowitz, Boudin & Standard, New York City, ..... Jose Franklin JURADO-RODRIGUEZ and Edgar Alberto Garcia-Montilla, ...

7. Franklin Jurado businesspundit.com

**The washing cycle - Australian Federal Police**

*www.afp.gov.au/media-centre/.../1998/.../washing*

Franklin Jurado.

José Franklin Jurado Rodríguez se ve inofensivo; Tenía una Maestría en Economía, estudió en la Universidad de Columbia. Trabajó como investigador en la Escuela Kennedy de Harvard. ¡Y! Dirigió la mafia colombiana.

¿O es su nombre José Santacruz Londres? Si no son la misma persona, ¿por qué llevan los mismos paños? ¿Las fotos fueron tomadas el mismo día?

Este hombre no es conocido por ser un buen tipo.

Jose Santacruz Londoño

**Cali-Kartell – Wikipedia**

*de.wikipedia.org/wiki/**Cali**-Kartell*
Das *Cali*-Kartell (span. *Cartel* de *Cali*) war ein Zusammenschluss verschiedener kolumbianischer Kokainproduzenten und -schmuggler in der Stadt *Cali*.
Gründung - Organisation - Aktivitäten - Beziehung zum Medellin-Kartell

José Santacruz Londono: No. 3 of Cali Drug Cartel in Colombia rjgeib.com

**Katy Jurado or Anna Magnani?**

Anna Magnani-

WordPress.org

In this film Anna Magnani reveals a remarkable performer with the painful **...**

famouspeopleinfo.com

¿Por qué las dos damas tienen la misma identidad? Me pregunto por qué alguien podría cometer tal error. ¿Y por qué este tipo de error se comete tan a menudo?

Katy Jurado-

Katy en *San Antone* (1953).

Anna Magnani, Jahrgang 1908, war eine italienische Schauspielerin des frühen italienischen Nachkriegskinos. Sie erhielt als erste Italienerin den Oscar für die beste Hauptrolle.

In dem Film "Mamma Roma" von 1962 spielt sie die Prostituierte "Mamma Roma", die auf tragische Art an den Zwängen der Gesellschaft scheitert.

The same photo for Anna Magnani and Katy Jurado?

Capítulo seis.

El papel de Anna Magnani.

La importancia de mirar a esta señora es porque el nombre que ella usó también asumió el papel de Celia de la Serna. He empezado con Anna Magnani mientras ella y Silvana Corsini trabajaron junto con Pier Paolo Pasolini. Terminé mi primer libro después de haberla descubierto como la conexión entre Katy Jurado y Claire Sterling.

Anna Magnani

MEDEA 1966 REGIA GIANCARLO MENOTTI ANNA MAGNANI 1973 REGIA F ENRIQUEZ ... archiviofoto.unita.it

Hay una confusión en cuanto a qué editor o marido que es !?

This photo is from MEDEA 1966 REGIA GIANCARLO MENOTTI ANNA MAGNANI 1973 REGIA F ENRIQUEZ ...
archiviofoto.unita.it
Chapter 'Why have their identities been mixed with others.' Offers answers.

Anna Magnani contacto con Pier Pablo Pasolini y el suyo a los Dos Intis, eso y la película 'Mama Roma' donde se puede ver a Silvana Corsini. Sugerir que Silvana Corsini jugó parte de una de las hermanas del Che en muchas de las fotos del grupo Guevara.

Che Guevara con la familia por el artista desconocido museumsyndicate.com.
Si miras esta foto verás a Silvana sentada tercera desde la izquierda.

He encontrado un programa interesante sobre el marido de Lucy Ball, que es productor de cine cubano y el músico Desi Arnaz. Para darle su nombre completo Desiderio Alberto Arnaz Y de Ache 111. Nació en Santiago de Cuba. Inherentemente Lucy Ball tuvo una aventura con Fidel Castro.

Wellaware1 tiene un programa donde dice que Desi Arnaz estaba en Dallas en el momento de la muerte de JF Kennedy. Hubo un momento en que pensé que el Che estaba involucrado, llegué a la conclusión de que el Che era querido por Kennedy para tomar el control de un golpe de nombre código AmWorld, Kennedy planeaba cambiar el liderazgo en Cuba.

No eran los hechos que Wellaware1 me mostraban, me pareció interesante, pero el hecho de que utilizan los mismos métodos que he utilizado, todo sea más profesional! ¡Miraron las orejas! Marched socios! Me emocioné mucho les envié un correo electrónico pero no recibí una respuesta. Una cosa que hacen es explicar los porqués y los motivos para terminar y comenzar otras identidades o tener dos o más identidades al mismo tiempo.

Por eso decidí mirar a Silvana Corsini; Había tocado en Mama Roma con Anna Magnani, dirigida por Pier Pablo Pasolini -A quien he señalado tiene un fuerte parecido con uno de los dos Inti's- he puesto en las fotos como recordatorio.

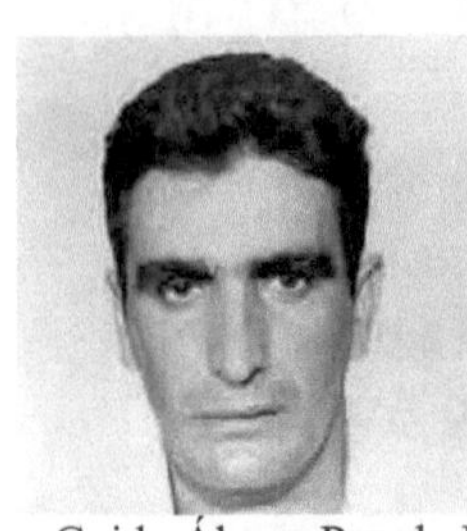

Guido Álvaro Peredo Leigue Guido Alvaro “IntI” Peredo Pier Paolo Pasolini- paginecorsare.my blog.it. cerrocalvo.blogspot.com genealogiadelcheguevara.blogspot.com

Tomé la foto de Silvana para que coincida con Beverly Aadlan, la amiga de Errol Flynn, hizo la película 'Cuban Rebel Girls' (Se puede encontrar en You Tube.) Jorge Masetti con Silvana / Beverly.

**A- anna karina jean luc godard dancingflickr.com**

**B- Mireille Darc cineartistes.com**

**C– Silvana Corsini-photo mamma_roma_009.jpg kebekmac.blogspot.com**

**D- Beverly Aadlan-pixshark.com**
**E- Anna Magnania-Festa della donna, a Roma nel nome di Anna Magnani tag24.it**
**F- Ana Maria- Che with his family and friends49 views cheguevara.sosugary.com**
**G- katy Jurado-** Fe Esperanza y Caridad ▶KATY JURADO (3 de 3)musicamoviles.com

a

b

c

a-anna karina b- Mireille Darc c-Silvana Corsini

d

e

d- Beverly Aadlan e-Anna magnai

Hay una semejanza de familia.

F  d 

c 

f- Ana Maria- Guevara d- Beverly Aadlan
c- Silvana Corsini

g **Katy Jurado.**

Mira a la señora mirando a la cámara que al principio pensé que era la señora F- Ana María- Guevara pero la señora G Katy Jurado también podría haber desempeñado el papel. En esta foto, Regis Debray y su esposa con su abogado mirando hacia abajo, bajo el sombrero sin cara. Pero decir que jugó a su hermana no puede ser una mentira.

r

... su actividad "militante",se limita en los hechos, a no dejar de publicar ...

martinezestevez.wordpress.com

La cuestión del abrigo de pieles - por cierto en la foto e en el fondo es Jean Luc Godard

e Che with his sister, Ana María

Che with his and friends49 views cheguevara.sosugary.com

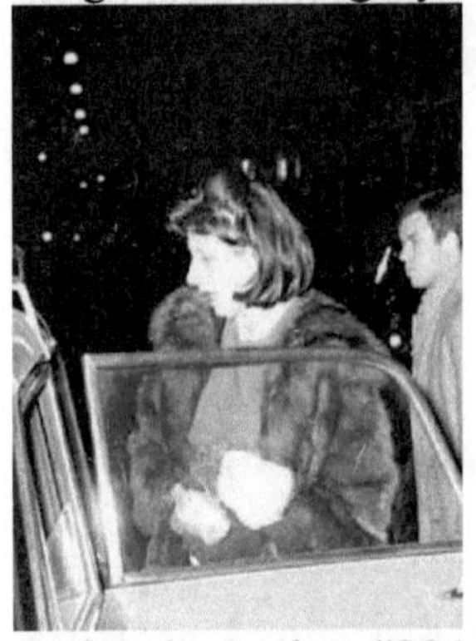

Artists in Action #221 tsutpen.blogspot.com

Small, holding, 17k smokingsides.com

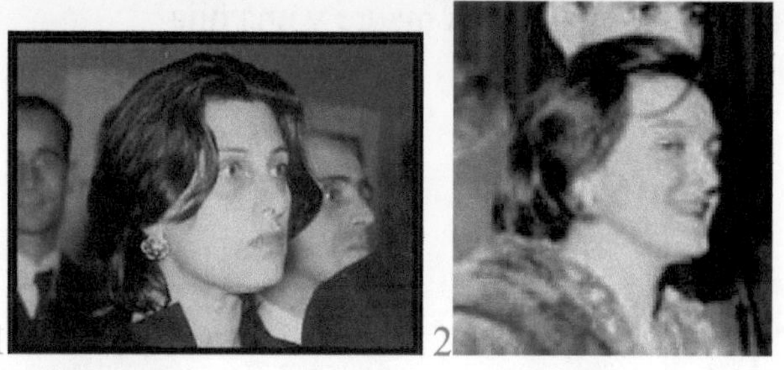

1 2

Picture annamagnanisito.com.

1) ¡Este programa me habla de la juventud de Anna Magnani! La señora con el sombrero tiene ojos pálidos eran como Anna

tiene ojos más oscuros con la misma coloración como el Che. (Debo saber que pasé meses mirándolo a los ojos ya los de su madre para descubrir que coincidían con los míos).

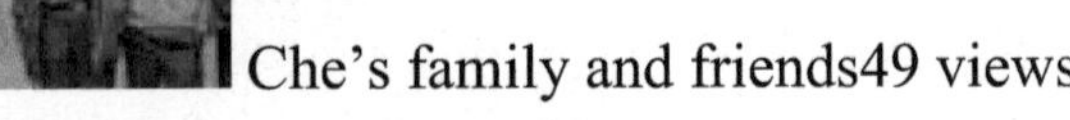
Che's family and friends49 views

cheguevara.sosugary.com

Mira en este programa la foto que demuestra a la hermana de Ana Maria- Che y el abrigo, está fechada en 1946/1950
¿El abrigo de pieles, una madre y una hija compartirían tal capa !?

.

E

F-

Note the froun.

Tienen una línea froun fuerte.

Katy Jurado es.wokipedia 

Anna Magnani, Jahrgang 1908, war eine italienische Schauspielerin des frühen italienischen Nachkriegskinos. Sie erhielt als erste Italienerin den Oscar für die beste Hauptrolle.

In dem Film "Mamma Roma" von 1962 spielt sie die Prostituierte "Mamma Roma", die auf tragische Art an den Zwängen der Gesellschaft scheitert.

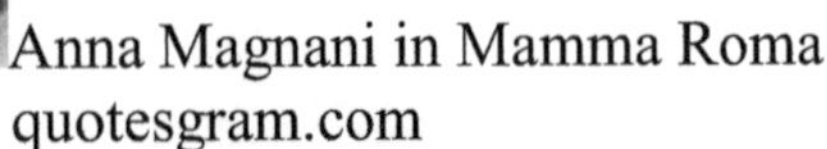

Anna Magnani in Mamma Roma
quotesgram.com

La misma foto se puede encontrar bajo el nombre de Anna y Katy en muchos programas. Esta foto con Anna o Katy tiene una pequeña cruz alrededor de su cuello, un vestido con las margaritas impresas en él y las mangas puffy cortas. Fue esta foto la que me trajo a Katy Jurado. Katy Jurado nació María Christina Jurado García. El primo de Jurado, Emilio Portes Gil, fue presidente de México a partir de 1928. Katy Jurado, se dice studded periodismo. (Así lo ha Claire Sterling.) ¿Periodismo? Ese fue el momento en que supe que las damas eran una. No fue un gran salto traer el abrigo de piel y la hermana del Che y Anna Magnani y Pier Pablo Pasolini juntos, no cuando los ojos de Jean Luc Godard te miran por encima de la hermana del Che en la foto mencionada. Che con su familia y amigos49 visitas cheguevara.sosugary.com.

¿Por qué es importante? Porque la dama bajo cualquier nombre, jugó el papel de la madre del Che.
¿Es sólo una extraña coincidencia con las fotos de ambas mujeres, Anna, Katy fotos?
Sólo hay unas pocas fotos que muestran a Katy Jurado como una anciana, su perfil de imagen sigue a su juventud. Anna Magnani perfil de imagen muestran una mujer de mediana edad. Hay un programa que la muestra como un niño irreconocible con ojos claros en contraste con los ojos más oscuros de Anna.

ISOLA DEL CINEMA: Dalla letteratura con Alma Daddario al grande cinema con ...
taxidrivers.it

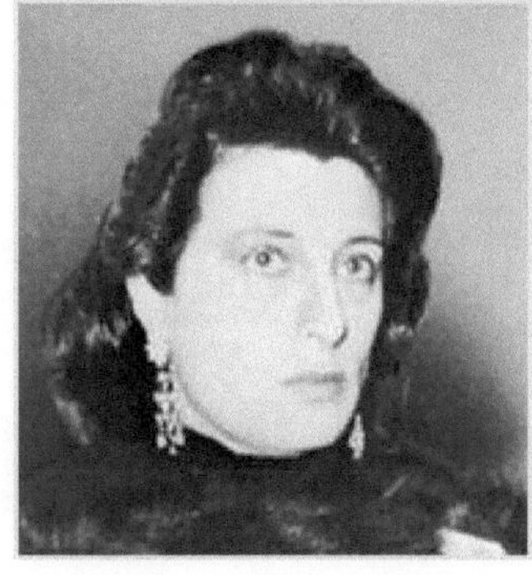

Anna Magnani
britannica.com

Celia de la Serna-

Che pictured here with his parents. His father Ernesto Guevara said in 1969: ... fantompowa.net

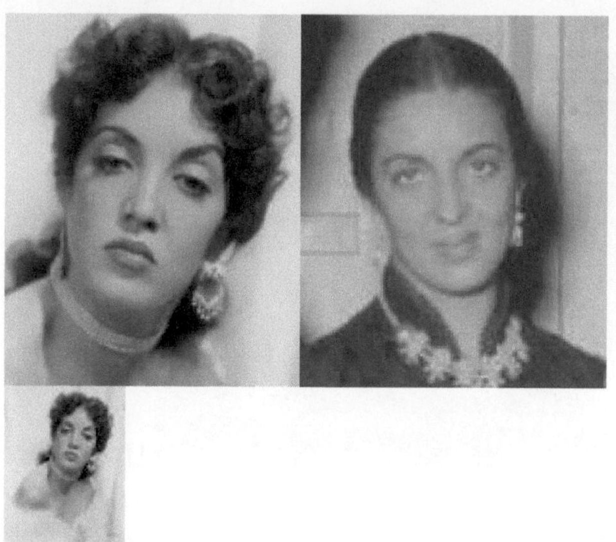

Su nombre es María Cristina Estela Marcela Jurado García, pero a Hollywood, ...
Thevintagecameo.com

¿Jugaron a Clare Sterling también?

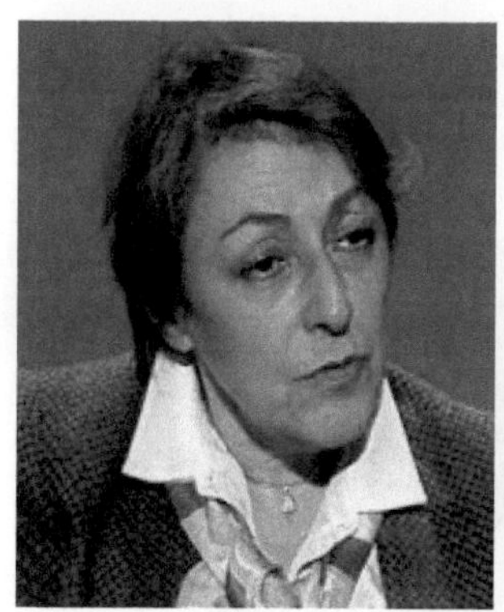

Sterling was a journalist who lived in Italy.
She took all the "evidence" of **....** bbc.co.uk

Update on "The Terror Network" - An Interview with Claire Sterling (1982)

youtube.com

Compartieron editores y maridos- (¿Por qué se han mezclado sus identidades con otros?)

¿Ella jugó el papel de Celia de la Serna?

The Argentine revolutionary Ernesto "Che" Guevara, receives a visit from his mother, Celia de la Serna, in Cuba. Is the first time they meet after many years and Guevara had been considered dead many times before.

An historic look on a young Ernesto Che Guevara demotix.com

The Argentine revolutionary Ernesto "Che" Guevara, receives a visit from his mother, Celia de la Serna, in Cuba. Is the first time they meet after many years and Guevara had been considered dead many times before.

Esto viene del mismo programa que el anterior. ¡Observa la nariz!

No sé cuántas veces la madre de Che visitó el Che en Cuba-, pero no parecía tener muchos paños, ya que se puede ver con los dos únicos ataques. A pesar de que la dosis cambiar sus pendientes.

Pictured here with his parents. His father Ernesto Guevara said in 1969: ...fantompowa.net

Llegada de padres y hermano del Che a Cuba en Enero de 1959. Foto: lanacion.com.ar La semejanza entre Che y Celia puede explicarse de otra manera.

Capítulo siete.
Los cuatro en una dama: Katy, Anna, Claire, Celia.

Para hacer el caso que ella es cuatro en una señora. Me gustaría señalar algunas de sus conexiones.
Katy Jurado-
Katy Jurado estudió periodismo y fue primo de Emilo Portes Gil, quien fue presidente cuando hubo disturbios en México.
Mario Vargas Llosa- es escritor y periodista peruano. Dirigió a Katy en 'Pantaleony las Vistadoras'. (Él había escrito la novela.)
Gabriel García Marquez hizo 'La Viuda de Montiel
La viuda de Montiel es una película mexicana de 1979 dirigida por Miguel Littin, que se basa en una historia corta del mismo nombre de Gabriel García Márquez. Se inscribió en el 30º Festival Internacional de Cine de Berlín.

Director: Miguel Littin
Escritores: Gabriel Garcia Marquez Jose Agustin

Reparto:
Geraldine Chaplin, Nelson Villagra, Katy Jurado, Eduardo Gil, Ernesto Gomez Cruz
Alejandro Parodi, Ignacio Retes, Emilia Rojas

País: Mexico Coproduccion
Genero: Drama

Regis Debray fue el guionista de El Recurso al Método (El recurso del método) es el drama mexicano-cubano dirigido por Miguel Littin. Se basa en la novela del mismo nombre escrita por Alejo Carpentier. Fue entrado en el festival de cine de 1978 Cannes. La película también fue seleccionada como la entrada cubana para la mejor película en lengua extranjera en los 51 Premios de la Academia, pero no fue aceptada como nominada.

El recurso del método - Watch Full Movie Online FREE ...

*anontv.com/.../449754-the-recourse-to-the-**method*** - Alejo Carpentier; *Régis Debray*. Stars: *Katy Jurado* · Nelson Villagra · Ernesto Gómez Cruz ... Cast; Reviews; Comments; Images. *Katy Jurado*. La Mayorala ...

The Recourse to the Method (1978) - FilmAffinity

*www.filmaffinity.com/en/film410775.html*

With Nelson Villagra, *Katy Jurado*, Alain Cuny, María Adelina Vera, Salvador ... Miguel Littin, Jaime A. Shelly, *Régis Debray* (Novel: Alejo Carpentier); Music ...

Anna Magnani-

¿Sabías que Anna Magnani es una autora? Isabella Rossellini es la que me dice eso. Roberto Rossellini fue uno de los muchos maridos de Anna.

El interés de Roberto Rossellini radicaba en el neorrealismo italiano, también conocido como La Edad de Oro del cine italiano, es un movimiento

cinematográfico nacional caracterizado por historias establecidas entre los pobres y la clase trabajadora. Fundó la compañía cinematográfica italiana TEVERE. 1947.
Roberto Rossellini hizo una película con Gabriel García Márquez. El manojo salvaje, con Jean Luc Godard. Como sucede esto es una película de Chillan.

Goffredo Alesandrini. Otro esposo atribuyó a Ana, Fue uno de los directores de cine más importantes del fascismo italiano. Sus obras más recordadas e importantes son dos películas anticomunistas (combinadas en 4 horas), ambas basadas en "We the Living" de Ayn Rand. Se convirtió en un par de películas, Noi vivi y Addio, Kira en 1942 por Scalara Films, Roma; A pesar de la resistencia del gobierno italiano bajo Mussolini. Las películas fueron sacadas de los teatros como Italia italiana y los gobiernos alemanes, que eran anticomunismo, descubrieron que las historias también contenían un mensaje antifascista. Estas películas fueron reeditadas en una nueva versión que fue aprobada por Rand y reeditada como We the Living en 1986.

(Massimo Serato abandonó sus estudios para entrenar como actor en el Centro de Cine Experimental, ganó un concurso para entrar en Scalera Films, se convirtió en socio de Anna Magnani, después de la realización de la película 'Meet the zoo Saponieri de Franco'. , Un cortometraje financiado por grupos universitarios fascistas.)

Francesco Rosi-
Francesco Rosi, film director - obituary - Telegraph
*www.telegraph.co.uk › News › Obituaries*
30.01.2015 - *Francesco Rosi*, who has died aged 92, was a film director who took ... *Rosi* co-wrote Visconti's Bellissima (1951), starring *Anna Magnani*,

Las películas de Francesco Rosi son realmente sobre los lazos ocultos entre la mafia y el gobierno de los EEUU después de la liberación de Sicilia.

Marlon Brando- era también un activista, apoyando muchas causas, notablemente el movimiento afroamericano de los derechos civiles y varios movimientos indios americanos.

Errol Flynn- era también un partidario de la revolución; Donó dinero al movimiento cubano, además de producir "Chicas rebeldes cubanas". En esta película, Beverly Aadland- hermana de actuación del Che y Jorge Masitti o fue Jean-Louis Trintignant; Se puede ver actuando.

Errol and Anna Magnani on set of Vulcano

Errol Magnani and Lanza theerrolflynnblog.com

Isabella Rossellini-
El padre de Isabella Rossellini era Roberto Rossellini, como Anna Magnani era su esposa; Para ver que era Isabella diciéndome que Anna era una actriz, así como escritor.
Isabella Rossellini es el vínculo moderno con Mario Vargas Llosa y Gabriel García Márquez.

Isabella Rossellini, part two | Interviews | guardian.co.uk Film
*www.theguardian.com/film/.../0,,2074972,00.html*
05.05.2007 - *Isabella Rossellini*, part two ... It's a myth that there was no Rossellini script. ..... *Anna Magnani*, I loved her and thought she was a goddess.

Cilia de la Serna-
Cilia de la Serna Llosa: Primera esposa de Mario Vargas Llosa Julia Urquidi Illanes informa que eran amigos y que Cilia de la Serna Llosa se quedó en su apartamento en París. En la carta abierta-Perú 21 se

afirma que Mario Vargas Llosa fue hospitalario a Celia de la Serna Llosa.
**En el libro escrito por Ernesto Guevara Lynch sobre su vida, dice que la madre del Che en la época de la Guerra Civil española estaba en España**, como corresponsal de guerra enviado por el periódico "Crítico". Cilia fue corresponsal durante la guerra civil española.
www.kaosenlared.net/.../80432-enestro-''che''-guevara...

**Claire Sterling-**
Clare Sterling nos informa que fue a estudiar Periodismo. Recibió una maestría en periodismo de la Universidad de Columbia en 1945.

Gabriel Martinez - Columbia University
*www.**columbia**.edu/cu/wallach/.../**Martinez**.html*
*Gabriel Martinez*. explores issues of labor relations involved in the production, maintenance, and distribution of class subjectivity. He has attended the residency ...
*Chronicle of a Death Foretold* (1987), an Italian-French-Colombian co-production, directed by Francesco Rosi,

26 Apr 1990 - FILM Mafia: good for film business - Trove
*trove.nla.gov.au/ndp/del/.../122103028?...* - 26.04.1990 - ... recently in Sicily include To Forget Palermo by Italian director *Francesco Rosi*, ... *Rosi*,

who won international recognition in 1963 when he made Salva tore ... *Claire Sterling*, the American journalist author of a new book, .

Nueva Fundación Iberoamericana de Periodismo Fundación Gabriel García Márquez para el Nuevo Periodismo Latinoamericano.

Fundador Gabriel García Márquez Colombia, Carttagena De Indias. Sitio web WWW.fnpi.org. (FNPI) es una institución sin ánimo de lucro creada por Gabriel García Márquez para trabajar por la excelencia en el periodismo y su contribución al progreso de la democracia y el desarrollo en los países latinoamericanos y caribeños, a través de talleres y seminarios e intercambios entre periodistas, E incentivos para el desarrollo profesional.

Capítulo ocho.

Claire Sterling uno de los nombres en cuatro en una dama.

Algunos dicen que ella era agente de la CIA, creo que ella era la señora de Gabriel García Márquez que propagó su propaganda dondequiera que se necesitaba, ya fuera en sus libros y artículos o en el Senado Americano.

En su libro 'Thieves World', escribe sobre un hombre llamado Orlando Cediel Ospina-Vargas, de Colombia. Era el hombre detrás de la fuga de Pablo Escobar de la dorada prisión colombiana. Orlando Cediel Ospina-Vargas tenía otro pasaporte que dice que se llamaba José Guillermo Durán de Venezuela.

Después de decir esto, en la siguiente frase Claire me dice que Tony Durán es el jefe de la delegación colombiana reunida con la Mafia en Italia.

¡Los tres nombres son para un solo hombre!

UN TOLIMENSE, ORLANDO CEDIEL OSPINA, ES EL PAPA ...

*www.eltiempo.com/archivo/.../MAM-215062*

UN TOLIMENSE, ORLANDO CEDIEL OSPINA, ES EL PAPA DE LA DROGA ... José Durán Tony es en realidad *Orlando Cediel Ospina Vargas*, de 39 años de ...

Este programa fue lo suficientemente agradable como para contarme acerca de las identidades entrelazadas. El artículo está fechado en 1992. Claire sabía que los tres nombres pertenecían a un solo hombre, como se menciona en un párrafo.

Tony Duran estuvo en Italia para reunir a las poderosas familias de la mafia ya los cárteles colombianos de cocaína.

Tony Duran-sundance.tv

Orlando Cediel Ospina-Vargas of Colombia, better known as "Tony" Duran, photographed secretly during his stay in Rome in the autumn of 1992, to negotiate a top-level partnership between the Sicilian Mafia and Colombia's main cocaine cartels. (Mario Proto)

Tony Duran-sundance.tv esta dirección de internet tiene otra foto de él

Tony Duran-sundance.tv esta dirección es interesante en sí misma, ya que podemos retorcerse de nuevo a las conexiones de la película de Gabriel García Márquez y el Neo-Realismo italiano! 'Instituto Sundance en Utah; Dirigido por el actor y director Robert Redford. Gabriel García Márquez y Robert Redford eran socios cercanos.

Aquellos que deseaban fotografiar a los hombres en su forma natural tuvieron que abandonar Cuba. Tony Duran fue uno de los que lo hicieron. En París se apreció este tipo de fotografía.

**Breathless (1959/Godard)/The Bicycle Thieves (aka The ...**

***www.fulvuedrive-in.com/.../Breathless+1959+Godar...***

... (2015/Lionsgate DVD)/The Encore Of *Tony Duran* (2011/Cinedigm DVD)/Hot .... with Roberto Rossellini's Rome (Open City)) launched *Italian Neo-Realism*.

**The Dossier | Edited by Jay V. del Rosario | Page 14**

*https://dossiermag.wordpress.com/page/14/*

Shot by Steven Klein, the adverts draw from *Italian Neorealism* cinema and that ... Photog *Tony Duran* has the honor of shooting the actor, who WWD calls "a ...

-La red terrorista-

EL PAPEL DE CUBA EN INTERNACIONAL TERRORISMO Y SUBVERSION

Actividades de Inteligencia de la DGI

VIERNES, 26 DE FEBRERO DE 1982

AUDIENCIAS

ANTES DE

SUBCOMITÉ DE SEGURIDAD Y TERRORISMO

DE LA COMISIÓN DE JUSTICIA

ESTADOS UNIDOS SENADO

NOVENTA Y SEPTIMO CONGRESO

SEGUNDO PERÍODO DE SESIONES

EL PAPEL DE CUBA EN INTERNACIONAL TERRORISMO Y SUBVERSION

26 DE FEBRERO, 4, 11 Y 12 DE MARZO DE 1982

Nº de serie J-97-97

Impreso para el uso del Comité Judicial

OFICINA DE IMPRESIÓN DE GOBIERNO DE ESTADOS UNIDOS

WASHINGTON, 1982

HEARING

BEFORE THE

SUBCOMMITTEE ON SECURITY AND TERRORISM

OF THE

COMMITTEE ON THE JUDICIARY

UNITED STATES SENATE

NINETY-SEVENTH CONGRESS

FIRST SESSION

ON

THE ORIGINS, DIRECTION AND SUPPORT OF TERRORISM

APRIL 24, 1981

**Catalog Record: Terrorism, origins, direction, and support ...**

catalog.hathitrust.org/Record/006223722

**Terrorism, origins, direction, and support** : *hearing before the Subcommittee on ... first session, on the origins, direction, and support of terrorism, April 24, 1981.*

Serial no. j-97-17. *Este es el relato escrito de la audiencia ante el subcomité de seguridad y terrorismo en el que Clair Sterling fue testigo. Utilizo la palabra testigo como es la palabra que usa el Senador Denton. Afirma que Claire Sterling tiene un fondo profundo en los temas para la decisión. E informa a la audiencia que Claire Sterling es la autora del libro, 'The Terror Network'*

Las otras cuatro personas que comparecieron como testigos en la Audiencia-

1) William E Colby-abogado en la ley, ex director de la Agencia Central de Inteligencia.
2) Michael Ledeen Ph.D., historia europea moderna, Centro de Estudios Estratégicos e Internacionales. Universidad de Georgetown.
3) Arnaud De Borchgrave- Periodista internacional, coautor de 'The Spike'. Asociado del Centro de Estudios Estratégicos e Internacionales. Universidad de Georgetown.
4) Robert Moss, coautor de 'The Spike'. Periodista internacional.

(El Spike es un relato futurista de la desinformación de la KGB.)

Es Claire Sterling quien dijo el 13 de marzo de 1981 en la revista The Times que era la USSA detrás de los terroristas.

En la audiencia del Senado señala con el dedo a Cuba. 24 de abril de 1981.
Es Claire Sterling quien informa a la audiencia que Ginangiacomo Feltrinelli era un héroe adorador de Fidel Castro, Che Guevara y el concepto cubano de la revolución del Tercer Mundo. Claire Sterling también informa a la cortesía de Ginangiacomo Feltrinelli presenta en la Conferencia Tricontinental. Y que Ginangiacomo Feltrinelli visitó Fidel Castro a menudo. En las librerías Ginangiacomo Feltrinelli presentó la edición italiana de la revista Tricontinental. La revista fue la primera voz oficial de Fidel Castro en el continente.

*(El Minimanual del Guerrillero Urbano, de Carlos Marighella, también se encontraba en las librerías de Ginangiacomo Feltrinelli, ¿Quién le está diciendo esto a Claire Sterling ?, y ella sobre el Chacal Ilich Ramírez Sánchez Carlos, un héroe cubano) Hicieron una película sobre él.)*

'The Terror Net work', de Claire Sterling y 'Senior Service' de Carlos Feltrinelli, ambos libros indican que Ginangiacomo Feltrinelli se llevó $ 50.000.000 a Bolivia.

A pesar de intentar muy difícil conseguir una copia de 'The Feltrinelli Case' de Claire Sterling, no pude. ¡Pero! Señalo la conexión.

1. Reports & Comment by Claire Sterling
*Italy: The Feltrinelli Case*
***The Atlantic Monthly***, July 1972, pp. 10-19

2. Superdams: The Perils of Progress by Claire Sterlin
***The Atlantic Monthly***, June 1972, pp. 35-40

Es Clair Sterling quien en forma el Senado de los Estados Unidos, Subcomité de Seguridad y Terrorismo en febrero de 1982. Que los Estados Unidos no estaba inmune a la actividad terrorista cubana. Juan F Benemelis en 'Las Guerras Secretos de Fidel Castro' 2002 cuando publicó su obra confirma los temas que Claire Sterling había informado a la audiencia del subcomité.

**Castro and Terrorism: A Chronology - Scholarly Repository**

*scholarlyrepository.miami.edu/.../viewcontent.cgi?...*
von E Pons - 2001 - Zitiert von: 2 - Ähnliche Artikel
10.05.2001 - *Castro and Terrorism*: *A Chronology*. Eugene Pons. This Article is brought to you for free and open access by the Institute of Cuban and Cuban ...

Este programa le da de un vistazo una guía de las actividades de Fidel Castro de la época. ¡Claire Sterling ya lo había dicho!

Leo Wanta, the American snake-oil salesman who stormed world money markets to crash the ruble in 1990-91.

Lee Emil Wanta

Lee Wanta suministró armas a Manuel Antonio Noriega, que era el dictador de Panamá; Nos lleva de nuevo a Gabriel García Márquez!

John Jairo Vásquez Velasquez, alias 'Popeye', fue el golpeador de Pablo Escobar. Hay mucho escrito sobre él, no ha dudado en mencionar quién está en la lista de amigos famosos de Pablo Escobar. Manuel Antonio Noriega, Daniel Ortega fue presidente de Nicaragua y Gabriel García Márquez, Raúl y Fidel Castro, figuran en la lista de líderes políticos que, según Jairo Vázquez Velásquez patrocinó las fechorías de un importante terrorista en América Latina.

Pablo Escobar y sus compañeros Jorge Luis Ochoa y Gonzalo Rodríguez Gacha, se refugiaron en Panamá, con la protección de Noriega alquiló una casa amueblada perteneciente a un general panameño para comodidad de narcotraficantes.

**John Jairo Vasquez Velasquez afirma que Gabriel García Márquez fue mensajero entre Escobar y Fidel Castro.**

**NORIEGA, U.S. ARMS DEALER PLANNING TO BUY 5,000 ...**

www.washingtonpost.com/.../**noriega**.../41e70b36-9... -

*25.03.1988 - Panamanian strongman* **Manuel Antonio Noriega** *is trying to arrange through ... transaction last Saturday by AmeriChina President* **Leo Wanta**.

El narcotraficante Pablo Escobar fue escondido por los sandinistas en Nicaragua, dice el ex amigo

**El narcotraficante Pablo Escobar fue escondido en ...**

www.radiolaprimerisima.com/.../el-narcotraficante-p...

*05.03.2006 -* **Manuel Antonio Noriega**, *Daniel Ortega,* **Gabriel García Márquez**, *Raúl y Fidel Castro, se encuentran en la lista de líderes políticos que, según ...*

-Thief Mundo '1994-

Este es otro libro de Claire Sterling.

¿Por qué Lee Wanta sigue siendo interesante? Robó 2000 toneladas de oro. ¡Oro de USSA! Lee Wanta Junto con Ronald Reagan y su asistente Hillary Clinton. Claire Sterling ha explicado cómo lo hizo, en 'Thieves World'.

Con la ayuda de la mafia, (Tony Duran!), Cada rublo fue expulsado de la URSS y la reserva de oro de la URSS se retiró de su tierra. ¡Qué con, USSA quiebra! Una contra reacción a Gabriel García Márquez y al plan de Castro. Ya no podría la USSA apoyar su plan.

**Leo Emil Wanta - Veterans Today**

www.veteranstoday.com/author/**wanta**/

**Leo** *Emil* **Wanta** *is a syndicated columnist, former world Ambassador and Presidential Secret Agent serving under U.S. President Ronald Reagan / Totten ...*

**La Historia De Leo Wanta 'El Hombre Del Dólar 27.5 Trillion' - Rense**
www.rense.com/general70/**leo**.htm
*In one of the most important stories of our time,* **Wanta** *holds the 'finacial key' to the ... the activities of the CIA operative known as Mrs* **Hillary Rodham** *Clinton.*
**Former Ambassador Says Vince Foster Was Murdered Leo ...**
www.rense.com/.../formerambassadorsays.htm
Former Ambassador **Leo Wanta,**
Encarcelado durante años y enmarcado por Bush y Clinton ... las actividades de la agente de la CIA conocida como Sra.
**Hillary Rodham** *Clinton.*

¿Fue por eso que Bill Clinton vendió su libro? 'Thieves World', la amenaza de la nueva red mundial de delincuencia organizada, 1994

En la parte ii que vende 2000 toneladas de oro es el avance que el libro se retuvo de la publicación.
**part ii_selling 2000 tons of gold_08apr14**
wantarevelations.com/.../**PART**-II_SELLING-**2000**-...
*08.04.2014 - SELLING* **2000 TONS OF GOLD** *by Leo Wanta and NEW ... Link to document ~>LEO WANTA* **GOLD** .... *by* **Claire Sterling** .... *Page* **11** ...

**El papel de Cuba en el terrorismo internacional y la subversión**
www.latinamericanstudies.org/terrorism.htm
**THE ROLE OF CUBA IN INTERNATIONAL** *TERRORISM AND SUBVERSION. HEARINGS BEFORE THE SUBCOMMITTEE ON SECURITY AND TERRORISM*

**¡La muerte de Claire Sterling!**

New World Out of Order - Bilderberg Group - NWO3
*nwo3.com/index.php/bilderberg.../podcasts-articles*
2010 *Marilyn M. Barnewall* - All Rights Reserve. Marilyn ...... At all events,
**La señora Claire Sterling murió repentinamente después de su segunda entrevista con el FBI. EDITOR'S ...**

**¡William E Colby también murió! Con recelo. (¿QUIÉN ASESINÓ EL JEFE DE LA CIA? - Pythia Press**

www.pythiapress.com/wartales/colby.htm
**William E. Colby***: A Highly Suspicious Death ... In my* **book***, Facing the Phoenix, I described him as being a polite man who was open and approachable but ...)*

New World Out of Order - Bilderberg Group - NWO3
nwo3.com/index.php/bilderberg-group/...nwo3/pod...
This program provides another link-
**Podcast** *Corrections: ... I provided a link to an* **article** *about Lee Wanta by Don Nicoloff from the January 2007 Idaho Observer. ..... Lee and his* **New** *Republic* **group** *used Promis Software, which belongs to a company called Inslaw, ...... At all events, Mrs* **Claire Sterling died** *suddenly after her second interview with the FBI.*PERJURED EVIDENCE AND LIES FED TO Judge Torphy's court.
Editor's Funds to 'Resolve' previously settled case#92CF683.

**William E Colby- El Jefe de la CIA.**
**¿Claire Sterling- Y William E Colby? La situación se pone un poco caliente y pop! ¡Se han ido! Al menos no hicieron una película sobre él!**

## Capítulo nueve.
## ¿Hombres independientes?

Las otras cuatro personas que comparecieron como testigos en la Audiencia ante el Subcomité de Seguridad y Terrorismo-

1) William E Colby-abogado en la ley, ex Director de la Agencia Central de Inteligencia.
2) Michael Ledeen Ph.D., historia europea moderna, Centro de Estudios Estratégicos e Internacionales. Universidad de Georgetown.
3) Arnaud De Borchgrave - periodista internacional, coautor de 'The Spike'. Asociado del Centro de Estudios Estratégicos e Internacionales. Universidad de Georgetown.
4) Robert Moss, coautor de 'The Spike'. Periodista internacional
   (El Spike es un relato futurista de la desinformación de la KGB.)

1) William E Colby-abogado en la ley, ex Director de la Agencia Central de Inteligencia.

También fue un ex director de la CIA. El sábado 27 de abril de 1996, Colby murió en lo que parece ser un accidente de canotaje cerca de su casa en Rock Point, Maryland. Hubo especulaciones de que la muerte de William E Colby se debió a un juego sucio de la CIA o fue suicidio? El médico del estado de Maryland, sin embargo, dictaminó que Colby había sufrido un ataque al corazón o un derrame

cerebral debido a una acumulación de placa discernible en sus arterias, y había caído en el agua y se ahogó. La mayor parte de la familia de Colby y su biógrafo vieron un suicidio como completamente inconsistente con su carácter. Sin embargo, en un documental biográfico desarrollado por el hijo de Colby, Carl Colby, especuló que Colby simplemente había "... tenido suficiente de esta vida".
¿QUIÉN ASESINÓ EL JEFE DE LA CIA? - Pythia Prensa
www.pythiapress.com/wartales/colby.htm
**William E. Colby**: Una muerte altamente sospechosa ... En mi libro, Frente al Fénix, lo describí como un hombre educado que era abierto y accesible, pero ...

2) Michael Arthur Ledeen Ph.D., historia europea moderna, Centro de Estudios Estratégicos e Internacionales de la Universidad de Georgetown. Un historiador estadounidense, filósofo y analista neoconservador de política exterior, y escritor. Es consultor del Consejo de Seguridad Nacional de los Estados Unidos, del Departamento de Estado de los Estados Unidos y del Departamento de Defensa de los Estados Unidos.

Cuando en Roma fue contratado como corresponsal de Roma para "La Nueva Republica" y nombrado como profesor visitante en la Universidad de Roma. En Roma, Michael Ledeen trabajó con el historiador italiano Renzo De Felice en 1980, en el período previo a las elecciones presidenciales de

Estados Unidos. Michael Ledeen, junto con Arnaud de Borchgrave, escribió una serie de artículos publicados en 'The New Republic' y en otros lugares sobre el hermano de Jimmy Carter, los contactos de Billy Carter con el Muammar al Gadafi.

A principios de los 80, Michael Ledeen se presentó ante el recién creado Subcomité de Seguridad y Terrorismo del Senado, junto con el ex director de la CIA William E Colby, la autora Claire Sterling y el ex editor de Newsweek Arnaud de Borchgrave. Tanto Michael Ledeen como Arnaud De Borchgrave trabajaron para el Centro de Estudios Estratégicos e Internacionales de la Universidad de Georgetown en ese momento. Y trabajaron con -

The Daily Beast
*www.**thedailybeast**.com/*
Una toma inteligente y rápida de las noticias de todo el mundo.

3) Arnaud De Borchgrave - periodista internacional, coautor de 'The Spike' con Robert Moss. Están asociados del Centro de Estudios Estratégicos e Internacionales; Universidad de Georgetown.

Arnaud De Borchgrave se casó con su esposa, Alexandra Villard de Borchgrave; Hija del embajador y autor Henry Serrano Villard.

Arnaud de Borchgrave, entrevistó a estadistas y dictadores a través de zonas horarias y zonas de guerra como un corresponsal extranjero de moda para Newsweek Magazine. Más tarde dirigió el

Washington Times como editor durante los primeros años del periódico.

Arnaud De Borchgrave y Michael Ledeen trabajaron con la 'Bestia Diaria'.

4) Robert Moss - coautor de 'The Spike' con Arnaud De Borchgrave. Robert Moss es también un periodista internacional conectado con políticos internacionales. Sus súbditos eran guerrillas urbanas. Él escribió el discurso para Margret Thatcher que le dio el nombre de "La dama de hierro".

*Robert Moss traducido - "Historias cortas" Por Gabriel García Márquez, así como otras historias de Jorge Luis Borges .*

Southern Africa: South Africa Reports Angola War Role

web.stanford.edu/.../1441-1977-02-12-FoF-a-RRW....

*12.02.1977 - Another report, by* **Robert Moss**, *a former editor with The Economist, was published as a series in ... Colombian author,* **Gabriel Garcia Marquez**.

Moss dijo que los soldados cubanos habían estado operando en Angola varios meses antes del 5 de noviembre de 1975, la fecha en la cual Los cubanos dijeron oficialmente que habían decidido intervenir. Moss estaba respondiendo a un relato oficial por parte de Cuba de su papel en Angola, escrito por el autor colombiano-

Gabriel García Márquez.

Amazon.com: Robert Moss - Short Stories & Anthologies ...
www.amazon.com › ... › Short Stories & Anthologies
*by* **Robert Moss** ... *Translated works from Jorge Luis Borges,* **Gabriel Garcia Marquez**, *and other South American magical realist authors can transport you into ...*
Here, Everything Is Dreaming: Poems and Stories (Excelsior Editions)
Apr 2, 2013 by Robert Moss.
Tradujo obras de Jorge Luis Borges, Gabriel García Márquez y otros autores realistas mágicos suramericanos que pueden transportarle a fantasías extrañamente convincentes para una lectura fantástica.
En una época de batallas televisadas, la guerra de Angola fue una guerra extraordinariamente secreta, y la verdad de lo que sucedió está poco a poco empezando a filtrarse. Los cubanos acaban de producir su versión autorizada, en forma de un artículo de larga duración publicado por el novelista colombiano Gabriel García Márquez en la revista mexicana Progreso. En medio de una riqueza de detalles fácticos, su relato está lleno de distorsiones y mentiras falsas.
¿Ves nombres que se repiten? Me pone el pelo en pie.

Conectando a Claire Sterling y Michael Ledeen y otros-

**Talk:Michael Ledeen/Archive 1 - Wikipedia, the free ...**

*https://en.wikipedia.org/.../Talk%3AMichael_Ledee...*

3.1 Dewey Clarridge On *Michael Ledeen* Y "La Red del Terror"; 3.2 Melvin A. ... Durante esta temporada italiana colaboró regularmente con Claire Sterling en ...

(En Roma Michael Ledeen trabajó con el historiador italiano con el nombre de Renzo De Relice y la autora Claire Sterling y el ex editor de Newsweek Arnaud De Borchgrave Bothe Michael Ledeen y Arnaud De Borchgrave trabajó para el Centro de Estudios Estratégicos e Internacionales en la Universidad de Georgetown. )

Claire Sterling | The New Republic

www.newrepublic.com/tags/claire-sterling When I took over The New Republic in 1974 one of the first people I recruited--on a trip to Rome, as I recall--was *Michael Ledeen*, a scholar of Italian fascism.

The Real History of American Relations With Iran

Martin Peretz

September 30, 2009

"Cuando Martin Peretz se hizo cargo de La Nueva República en 1974, una de las primeras personas que reclutó -en un viaje a Roma, como recuerdo- fue

Michael Ledeen, un estudioso del fascismo italiano. Pensó que era su supervisor doctoral y su amigo, el gran historiador judío alemán, George Mosse, quien sugirió que se reunieran. Pero en realidad fue Claire Sterling, la valiente periodista de incómodas verdades, quien las presentó. Michael estaba entonces trabajando en un libro sobre Gabriele d'Annunzio, poeta futurista, artista, piloto de caza, teórico político y aventurero neofascista que dirigió una marcha sobre Fiume para mantenerla en manos italianas.

Ahora una conexión con Gabriel García Márquez- Michael Ledeen- y otros!

Guatemalan genocide got assist from US, Christian Right ...

*mondoweiss.net/2013/.../guatemalan-genocide-chris...*

18.05.2013 - Neoconservative academic *Michael Ledeen*, who left the Defense .... How *Gabriel Garcia Marquez* Brought Down Samuel Zemurray, the ...

Una indicación de que Gabriel García Márquez derribó a Zemurray, derrocó al gobierno soberano de Honduras (en 1911), posiblemente mató a Huey Long, aprovechó los votos de las Naciones Unidas necesarios de América Central y del Sur para aprobar la Resolución 181 (que reconoció la independencia de Israel) El gobierno soberano de

Guatemala (en 1954), inspirando sin intención al Che Guevara ya Fidel Castro a la revolución comunista.

Añado esto para mostrar lo activos que estaban-

**Michael Ledeen - Deep Politics Forum**

https://deeppoliticsforum.com/.../showthread.php?...
29.05.2013 - ... Ledeen, along with *Arnaud de Borchgrave*, wrote a series of articles ... *Claire Sterling* and former Newsweek editor *Arnaud de Borchgrave.*
Claire Sterling y Ledeen incluso aparecieron en la televisión italiana la noche de la elección. Se presentaron como comentaristas de las 4pm a 2am en el Canal 1 que fue controlado por el Partido Demócrata Cristiano - el principal receptor de fondos de la CIA en Italia.

**Michael Ledeen - Wikipedia, the free encyclopedia**

*https://en.wikipedia.org/wiki/Michael_Ledeen*
In Rome Ledeen worked with Italian historian Renzo De Felice, who Ledeen was ... author *Claire Sterling* and former Newsweek editor *Arnaud de Borchgrave.*
Tanto Ledeen como de Borchgrave trabajaron para el Centro de Estudios Estratégicos e Internacionales de la Universidad de Georgetown.

**Arnaud de Borchgrave - SourceWatch**

*www.sourcewatch.org/index.../Arnaud_de_Borchgr..*
.

17.08.2009 - *Arnaud de Borchgrave* was the former editor-in-chief from 1985 to 1991 ... Robert Moss, *Arnaud de Borchgrave*, Daniel James, *Claire Sterling*, ...

**Disinformation Agent**

William Preston y Ellen Ray escribieron una historia de desinformación en los EE.UU.

Observaron:

La mayor ayuda en la desinformación - especialmente durante la actual Administración- siempre está disponible en el Reader's Digest. En 1977, el Times describió al editor de Digest, John Barron, como habiendo trabajado mano a mano con la CIA en un libro sobre la KGB. Otros periodistas fraudulentos como Robert Moss, Arnaud de Borchgrave, Daniel James, Claire Sterling y Michael Ledeen, entre otros, parecen recoger temas de desinformación casi automáticamente. De hecho, se calcula bastante la coordinación entre el desarrollo de los temas de propaganda y desinformación por parte de los medios de comunicación encubiertos, la propaganda abierta y los periodistas títeres. Un tema que está flotando en un nivel - un artículo de la VOA sobre Cuba por ejemplo - aparecerá en un tiempo récord como un artículo principal en Reader's Digest, o una característica en un informe de Heritage Foundation, o una serie de "exposiciones" de Moss Y de Borchgrave o Daniel James en algún tabloide reaccionario como Human Events o el Washington Times o Inquirer. Luego serán llamados a testificar por el Subcomité de Seguridad y Terrorismo del Senador Denton, repitiendo las acusaciones de otros como "testigos expertos".

Después de eso se les da credibilidad por las "respetables" publicaciones de la Guerra Fría como la Revista Nacional, el Comentario y la Nueva República. Y, por último, puesto que han repetido el tema tantas veces debe ser cierto; Se les da la oportunidad de escribir piezas de Edición Op para el New York Times o el Washington Post.
— William Preston and Ellen Ray, op. cit., pp. 7-8.

Los hombres independientes-siguiente licencia!

Paul Henze-
**The plot to kill the pope - Paul B. Henze - Google Books**
*books.google.com › Social Science › General* -
Front Cover. *Paul* B. *Henze*. *Simon & Schuster*, 1983 - Social Science - 216 pages ... conspiracy to murder Pope John *Paul* II and speculates on Russian motives ...

James Jesús Angleton-
Los libros son impresos por la Feltrenilli. ¡Compañía de Ginangiacomo Feltrinelli!
Alexander Cockburn- CounterPunch-
Conecta a Gabriel García Márquez y la empresa Ginangiacomo Feltrinelli.

Jeffrey ST Clair es editor de Counter Punch.
Libros de Claire e impresos por Simon y Schuster.

**Almost President: The Men Who Lost the Race but Changed ...**

*https://books.google.de/books?isbn=0762784210* - Scott Farris - 2013 - History
Alexander Cockburn and *Jeffrey St. Clair*, Al Gore: A User's Manual (Verso, ... Citizen McCain (*Simon and Schuster*, New York, 2002), and Robert Timberg,John ...

**Culture Wars: An Encyclopedia of Issues, Viewpoints and Voices**

*https://books.google.de/books?isbn=1317473515* - Roger Chapman, James Ciment - 2015 - Business & Economics
New York: *Simon & Schuster*, 1999. Clinton, Bill. My Life. New York: Alfred A. ... Nashville, TN: Thomas Nelson, 2012. Cockburn, Alexander, and *Jeffrey St. Clair*.

Aquí hay más autores-

Regis Debray-
Ciro Bustos-
Felix Rodriguez-

**Regis Debray : l'homme qui parlait trop -- Emrah KAYNAK**

*www.legrandsoir.info/regis-debray-l-homme-qui-pa...*
27.04.2013 - Debray et Bustos seront arrêtés à Camiri et interrogés sans ... fautes de ses compagnons et qui charge sans complaisance *Ciro Bustos*, ... (4) Felix Rodriguez, John Weissman, Shadow Warrior, *Simon & Schuster* Ltd, 1992.

**Amazon.com: Che Guevara or Richard Nixon - Memoirs ...**

*www.amazon.com › ... › Memoirs*
Auto-delivered wirelessly. 4.2 out of 5 stars 31. Sold by: *Simon and Schuster* Digital Sales Inc .... Jun 4, 2013 | Kindle eBook. by *Ciro Bustos* and Anne Wright.

Y las mujeres independientes!

**Isabel Allende | Official Publisher Page | Simon & Schuster**

*authors.simonandschuster.com/Isabel.../1723104*Ab ubakar Adam Ibrahim is the author of the short-story collection, The Whispering Trees. He is a *Gabriel Garcia Marquez* Fellow and has won the BBC African ..

**Isabel Allende - Author, Journalist - Biography.com**

*www.biography.com/people/isabel-allende-9181801*
*Isabel Allende* is a Chilean author best known for penning novels in the style of magic realism. She is the niece of former Chilean *president* Salvador Allende.

*Sterling, Claire. Pulpo: El largo alcance de la mafia siciliana internacional. Nueva York: Simon & Schuster (Touchstone Edition), 1991. 384 páginas.*
*Sterling, Claire. El Mundo de los Ladrones: La Amenaza de la Nueva Red Global de Delincuencia Organizada. Nueva York: Simon & Schuster, 1994. 304 páginas.*
Ann Wright- (Monica Ertl)
Elisableth Burgos-Debray –

**Taking Charge: Every Woman's Action Guide to Personal, ...**

*https://books.google.de/books?isbn=1573240524* - Diese Seite übersetzen
Joan Steinau Lester - 1996 - Business & Economics
McMillan, Terry, Waiting to Exhale, Pocket Books, *Simon and Schuster*, 1992. ... edited by *Elisabeth Burgos-Debray*, translated by Ann Wright, Verso, 1984.

**Guatemalan Journey - Seite 208 - Google Books-Ergebnisseite**

*https://books.google.de/books?isbn=0292782993* - Diese Seite übersetzen

Stephen Connely Benz - 2010 - Travel

*Elisabeth Burgos-Debray*, ed. Ann Wright, trans. New York: Verso. Montejo, Victor. ... New York: *Simon and Schuster*. Theroux, Paul. 1979. The Old Patagonian ...

**Susan Sontag**

**Remembering Susan Sontag | VQR Online**

*www.vqronline.org/essay/remembering-susan-sontag*

19.12.2006 - Remembering *Susan Sontag* .... and the Failure of the West (*Simon & Schuster*, 1995), The Exile: Cuba in the Heart of Miami (*Simon & Schuster* ...

Para obtener aún más confundido! Counter Punch- afirma que Fidel Castro escribió la reseña de la autobiografía de Gabriel García Marqués, "Viviendo para contar la historia". ¿Quién está en el editorial de Counter Punch?

Respuesta-Jeffrey St Clair y Alexander Cockburn- - -!

## Capítulo diez

### La Vanguardia de los Trabajadores

La Vanguardia de los Trabajadores de fecha 25 de abril de 1986 no. 402. El Papa enmarca los fracasos del marco.

"La Concocción búlgara- en este artículo Al Hage se informa para decir en los primeros días del turno de Ronald Ragan; Que era su intención que 'el Terrorismo Internacional sería su centro de atención.

Robert Moss el 2 de noviembre de 1980 la semana antes de la elección de Ronald Ragan Publicado en el New York Times un especial titulado 'Terror: A Soviet Export'

Semanas después de la inauguración del presidente, la revista Times de marzo de 1981 dirigió la historia de Claire Sterling: donde afirmaba tener "prueba masiva" de que la Unión Soviética y sus sustitutos habían proporcionado las armas, el entrenamiento y el santuario para una red terrorista mundial,

'The Terror Times' (WV No. 276, 13 de marzo de 1981)

El 4 de marzo de 1986 Alexander Cockburn punto en un nido de ideólogos del terrorismo, incluyendo Claire Sterling, Arnaud de Borchgrave del Washington Times. Michael Ledeen y Robert Moss, que trabajaron con el general Haig y el embajador Jean Kirkpatrick como equipo; Citándose mutuamente y convirtiéndose en las autoridades de la conexión búlgara que ellos mismos habían inventado.

En septiembre de 1982 Reader's Digest publicó el informe exclusivo de Claire Sterling sobre el complot para asesinar al Papa; Ella utilizó la investigación de Paul Henze. De nuevo fue utilizado en NBC-TV especial en la conexión búlgara. Claire Sterling era su consultora.
Recordando que son las personas que habían dado sus opiniones al Senado de los Estados Unidos el 24 de abril de 1981!

Una semana después de que Mehmet Ali Agca le disparara al Papa, un gran escándalo explotó en la prensa italiana.
Los servicios militares y de inteligencia italianos fueron encontrados acribillados en la más alta de las hojas por los miembros del loge masónico, P-2. Estos miembros fueron acusados de establecer un 'Super S' (super SISMI) que fueron acusados de organizar el crimen y el grupo fascista.

Mehmet Ali Agca declaró que Francisco Pazienza le pidió que colaborara en el rodaje del Papa; Francisco Pazienza, quien fue un asistente de la Agencia Espía Italiana SISMI y miembro de la P-2.

Después de la observación en Village Voice, del 24 de diciembre de 1985, que establece la conexión de Mehmet Ali Agca con el ex bigwig SISMI y se había vinculado con el italiano fascista terrorista Stefano delle Chiaie, que a su vez estaba en la carrera con el turco fascista 'Adbollah Catli, Un cercano colaborador Mehmet Ali Agca, que disparó al Papa!

CovertAction (Nº 23, de la primavera de 1985): "Investigadores italianos han demostrado que SISMI. Francisco Pazienza y Michael Ledeen, tal vez trabajando A través de 'Super S, engañó al hermano del presidente Jimmy Carter, Billy Carter, en una comprometedora relación con Co, Gadafi durante la campaña presidencial Ronald Reagan de 1980 ". (Lo que se reportó entre las sentencias no ha sido impreso en Worker Vanguard.

- Continúa-

"Después de la elección de Ronald Reagan, Michael Ledeen fue más poderoso que antes. Actualmente trabaja bajo contrato con el Pentágono y el Departamento de Estado.

La Vanguardia de los Trabajadores continúa diciendo 'los trazos del Papa' alimentados desde el mismo canal que los testigos en el comité de terrorismo del senador Jeremiah Denton de Alabama, y todos ellos zumbaron alrededor del Centro de Estudios Estratégicos e Internacionales de la Universidad de Georgetown. Se llaman como Claire Sterling, Michael Ledeen y Robert Moss.

Arnaud de Borchgrave también había sido testigo. Este grupo asistió a la conferencia de 1979 en Israel en el Instituto Jonathan (algunos de los mencionados anteriormente parecían haber sido miembros fundadores, ya que la administración de Ronald Reagan creía que la Unión Soviética era el Centro de la Red Internacional de Terrorismo)

Claire Sterling, Michael Ledeen y Arnaud de Borchgrave no son los únicos nombres interesantes incluidos en la conferencia. El entonces futuro vicepresidente de Bush, ex director adjunto de inteligencia de la CIA, Ray Cline, y el británico M16 / CIA, Robert Moss y Brian Crozier.

¡Brian Crozier! ¡El esp

Brian Crozier: Intelligence and security expert who fought ...
*www.independent.co.uk › News › Obituaries*
13.08.2012 - According to his autobiography *Free Agent*: The Unseen War 1941-1991, published by HarperCollins in 1993, *Crozier* "was not quite cured of ...

La vanguardia de los trabajadores hacer la pregunta era todo un complot de desinformación de la CIA? Luego informan que el grupo de Claire Sterling ataca a la CIA por no comprar su historia.
En su libro "The Time of the Assassins" (1983), Claire Sterling denuncia que la CIA y los servicios secretos occidentales y la agencia de espionaje de los Estados Unidos carecen de una investigación más profunda.

La vanguardia de los trabajadores sugiere que saben por qué! James Jesus Angleton, dicen que sabe que la CIA está plagada de lunares soviéticos.

Robert Moss y Arnaud de Borchgrave fueron grandes seguidores de la guerra fría, en su libro conjunto The Spike 1980, una novela de espionaje;

Angleton es el autor de 'Nike Flowers' la cabeza de una contrainteligencia de la CIA que demuestra a los miembros crédulos de la prensa que el 'Western Media' está plagado de agentes de desinformación soviéticos.

La consecuencia de este libro fue James Jesus Angleton y los ayudantes de la ayuda eran- usan la palabra 'Dumped' de la CIA.

El informe Fred Landis escribió en 'Covert Action (N ° 18, invierno de 1983):

"La historia de la Red Internacional de Terrorismo Israelí-CIA comienza con James Jesus Angleton, un ex jefe de contrainteligencia de la CIA y el fanático católico. Establecido en Roma, estableció una red de 60 agentes de medios y controló la colaboración de la CIA con Israel MOSSAD.

Durante un período de 20 años, muchos de los agentes de medios de James Jesus Angleton fueron reclutados del personal de la "Newsweek." (Donde Arnaud de Borchgrave trabajó durante 17 años) o "The Washington Post" en Roma, Claire Sterling fue uno de estos ; Michael Ledeen es su protegido; Robert Moss es un compañero de viaje.

Entonces, ¿cuál fue el papel de Claire Sterling; Un agente de la CIA o un Mole de la URSS o uno de los hombres de Gabriel García Márquez?

Una nota de pie.

Forrest Hylton: Political Murder in Puerto Rico - Joun

*joun.leb.net/hylton09272005.html*
27.09.2005 - HOT HOT HOT New *CounterPunch* Print Edition! ... Get the Email Edition of *CounterPunch* for Only $35 a Year ... *Jeffrey St. Clair* ..... Michael Ledeen and *Claire Sterling* became the sort of overnight experts on terrorism that ...

FORREST HYLTON es autor de An Evil Hour: Colombia in Contexto Histórico (próximamente de Verso), así como co-editor de Cuatro momentos de insurgencia indígena, cuya segunda edición viene de Muela del Diablo .

Forrest Hilton dice: A menudo olvidamos la histeria antiterrorista azotada durante los años Reagan, especialmente después de que Mehmet Ali Agca, un neofascista turco, intentó asesinar al Papa Juan Pablo II en 1981; Michael Ledeen y Claire Sterling se convirtieron en el tipo de expertos nocturnos en terrorismo que proliferaron desde 2001, insistiendo en que una "conexión búlgara" con el comunismo soviético estaba detrás del ataque. En aquel entonces, en lo que Noam Chomsky llamó la "Segunda Guerra Fría", el "antiterrorismo" fue utilizado principalmente como arma en la cruzada contra el nacionalismo radical en Oriente Medio, Centroamérica y Cuba. Filiberto Ojeda Ríos y los que lideró en el robo de depósitos de 7,2 millones de dólares de Wells Fargo en West Hartford, Connecticut, en 1983, encajaron perfectamente bajo la rúbrica de "terrorismo comunista" de Washington

**Paul B. Henze, former CIA and national security specialist ...**

*www.washingtonpost.com/.../**paul**...**henze**.../AG4mS.*
..

02.06.2011 - *Paul* B. *Henze*, a former CIA and National Security Council specialist in psychological operations who wrote a compelling and provocative book .

## Capítulo once
## Cadena de eventos.

Claire Sterling escribió sobre Carlos Marighella en "The Terror Network".
Anna Magnani trabajó con un productor de cine Luchino Visonto, él a su vez editó el libro de instrucciones de terroristas de Carlos Marighella junto con el editor Feltrinelli!
Jean-Luc Godard financió al guerrillero Carlos Marighella.
Jean-Paul Godard (director francés), Glauber Rocha (director de cine), Jean-Paul Sartre (filósofo francés) Luchino Visconti (director italiano) y Augusto Boal (dramaturgo): Apoyo directo al guerrillero Carlos Marighella.
La guerrilla que incendió el mundo-Carlos Marighella.
La editora Companhia das Letras lanza la biografía 'Marighella - La guerrilla que quemó el mundo' por el periodista Mário Magalhães, ex reportero y ex ombudsman de la Folha de S. Paulo. El libro un documentado sobre la guerrilla que también fue poeta y compositor de samba.
Carlos Marighella se hizo famoso por haber creado la Acción de Liberación Nacional (ALN), organización revolucionaria que se propone pero que no pudo contrarrestar la dictadura civil-militar instalada en Brasil en abril de 1964 .
El apoyo internacional, especialmente el cubano Fidel Castro, que entrenó y protegió a la guerrilla,

sino también al italiano Giangiacomo Feltrinelli como Luchino Visconti y editor. Giangiacomo Feltrinelli, que se convirtió en un terrorista y murió al intentar cometer una violación, mantuvo contacto con la guerrilla brasileña. Fue el primer editor en publicar "Doctor Zhivago" de Boris Pasternak, y "The Leopard", la novela siciliana de Tomasi di Lampedusa. Conde Visconti, director de cine comprometido, autor de la película "El leopardo", dio dinero a ALN.

**Jean-Luc Godard financiou guerrilha de Marighella - Jornal ...**

*www.jornalopcao.com.br/.../jean-luc-godard-financi*...11.11.2012 - O baiano *Carlos Marighella* financiou a guerrilha contra a ditadura ... *Luchino Visconti* (cineasta italiano) e Augusto Boal (dramaturgo): apoio ...

El brasileño Carlos Marighella financió la guerra de guerrillas contra la dictadura civil-militar a finales de los años 60, con robos de dinero de bancos y empresas. El líder de la Acción de Liberación Nacional (ALN), quien se autodenominó "terrorista", también recibió dinero de Cuba. Corea del Norte ($ 200.000 hasta la fecha) y artistas e intelectuales en Brasil y otros países.

En Brasil Carlos Marighella tuvo al director de cine Glauber Rocha como una fuente permanente de apoyo. En 1967, revela al periodista Mário Magalhães, en el libro "Marighella - La guerrilla que quemó el mundo", el cineasta brasileño envió una carta a Alfredo Guevara, director del instituto cinematográfico cubano. Con la intención de impulsar una devoción violenta y radical; Difundiendo y justificando abiertamente la creación de diferentes Vietnam. La historia fue adaptada en la obra "Earth Entranced".

En Roma, Glauber Rocha hizo el 'Colaborador' de la ALN. Cuando estaba haciendo esta película con Anne Wiazemsky (otro nombre usado por la hermana de Che Guevara) Jean-Luc Godard estaba filmando "El viento del este", Glauber Rocha le habló, Jean-Luc Godard destinó fondos de la producción a ALN .

'Inquieto' - El cineasta brasileño imaginó un largometraje con la actriz Norma Benguell sosteniendo fotografías de Marighella y desnudas en los Andes. El proyecto fue abortado. La nueva musa de cine apoyó a la ALN, que fue considerada simpática y escondió a sus militantes. Debido a declaraciones contra la dictadura, secuestraron a Norma y la llevaron al PE.

En 1970, otro cineasta, el italiano Luchino Visconti, que estaba filmando "Muerte en Venecia" (basado en la novela de Thomas Mann, escritor alemán e hijo de un brasileño) donó dinero a Marighella. Luchino Visconti ya se había unido a la 'ALN' con su compatriota Gianni Amico, co-guionista de 'Antes de la Revolución' y Bernardo Bertolucci, con 'Los Siete Cabezas del León' también vincularon a Glauber Rocha con la ALN.

Jean-Paul Sartre comenzó a publicar los textos de Marighella en Europa en 1969, en la revista Les Temps Modernes. Los textos fueron traducidos al francés por la guerrilla brasileña Ana Corbisier.- ella se puede encontrar en Wikipedia.
Mário Magalhães, periodista, dice que el pintor catalán Joan Miró donó a los esbozos de la ALN que rindieron más de 3.000 dólares. En Brasil, la italiana Lina Bo Bardi, autora del diseño arquitectónico del Museo de Arte de São Paulo, recibió a Carlos Marighella en su Casa de Cristal de São Paulo. Donde Carlos Marighella habló con el capitán Carlos Lamarca y con el dramaturgo y director teatral Augusto Boal; Un amigo de Carlos Marighella el segundo al mando en la ALN. Joaquim Camara Ferreira colaboró con la guerrilla. Joaquim Camara Ferreira un politick brasileño más información en su Wikipedia.

Carlos marighalla. Carlos Marighella | baader-meinhof.com
*www.baader-meinhof.com/tag/**carlos-marighella**/*
by *Carlos Marighella* Notes: Marighella's booklet was considered a sort of bible of the Baader-Meinhof Gang, among many other left-wing terror groups.

Capítulo doce.

## Capítulo doce.

El John Wayne y Graham Greene, Dame Margot Fonteyn, la conexión.

(* Que significa uno de los nombres utilizados por los cuatro en una dama).

Cuando miré por primera vez la lista de 'High Noon', fue para comentar que John Wayne quería actuar con Katy Jurado, no tenía idea de lo que estaba detrás de esta película o de otra película, 'Die Hard 2'. Hay rumores de que John Wayne y su elenco en ambas películas estuvieron involucrados en los disturbios en Panamá.

Cuando miras al General Ramón Esperanza, eres golpeado por el muro de la propaganda 'Die Hard 2'. La película se ha vuelto más predominante que los hechos.

(¿Escribieron la historia usando el guión de la película como guía?)

Eric Lichenfeld en su libro 'The Performing Arts' llama la atención sobre el general Ramón Esperanza fue un dictador de drogas en el molde de Manuel Noriega. Hay una falta de información sobre el general Ramón Esperanza en Internet, estoy empezando a pensar que podría ser un personaje de su imaginación.

Manuel Noriega fue arrestado en diciembre de 1989, mientras que 'Die Hard 2' estaba en producción. Él a su vez había comprado armas de Lee E Wanta, según lo declarado por Claire Sterling * y otros.

Manuel Noriega fue el dictador de Panamá. El presidente que lo precedió fue Omar Torrijos Herrera entre sus amigos fueron el escritor británico Graham Green, Fidel Castro sin olvidar a John Wayne.

La Isla Taborcillo fue regalada a John Wayne como regalo de Omar Torrijos Herrera; Afirma una Wikipedia. La primera esposa de John Wayne fue Josephine Alicia Saenz, hija del Cónsul General de Panamá en Estados Unidos, José Sáenz.

Graham Green estaba entre los amigos de Omar Torrijos Herrera. Graham Green era un espía auto confesado. Cuando en México, los editores del Fondo de Cultura Económica decidieron publicar el libro sobre Omar Torrijos Herrera, le preguntaron a Gabriel García Márquez "cuál debería ser el título". El colombiano les dijo "Eso simplemente, 'Descubrir al General' y no darle más vueltas". Reeditado el libro en España el editor Economic Culture Fund utilizó el mismo nombre que en México, pero con dos adiciones: un prólogo de Jon Lee Anderson y un posfim de Gabriel García Márquez.

Graham Greene, Panamá y Torrijos | Cultura | EL PAÍS

*cultura.elpais.com/.../1362510332_687622.html*

05.03.2013 - Cuenta con epílogo de García Márquez y prólogo de Jon Lee Anderson ... escritor (y espía) inglés se enteró de que el general *Omar Torrijos Herrera*, ... prólogo de Jon Lee Anderson y un epílogo de *Gabriel García Márquez*

"Los detalles de la amistad entre el escritor Gabriel García Márquez y el general Omar Torrijos Herrera fueron contados esta tarde durante la serie de charlas en la Nueva Fundación Iberoamericana de Periodismo (FNPI) celebrada en la ciudad de Medellín, Colombia".

- Ver más en:
https://translate.googleusercontent.com/translate_c?depth=1&hl=de&rurl=translate.google.de&sl=es&tl=en&u=http://www.prensa.com/angel_lopez_guia/Gabriel-Garcia-Marquez-Panama-Torrijos_0_4039846002.html&usg=ALkJrhjKFRX2P5SdQXsxDrarkV-bbBl2MQ#sthash.2l6TD8Cb.dpuf

¿Gabriel García Márquez actuando como embajador?

(Ahí está de nuevo el hombre de pie en cada esquina Gabriel García Márquez.

Y también lo es Jon Lee Anderson el escritor de 'Che Guevara una vida revolucionaria.' - dijo que estuvo tres años en Cuba con la primera esposa de Che para escribirlo. También fue vivido durante un año en un piso sobre Ciro Bustos para completar el libro. Coro Bustos me lo dijo 2010.)

Omar Torrijos – Wikipedia
*https://de.wikipedia.org/wiki/**Omar_Torrijos***
*Omar Torrijos* beim Unterschreiben des Vertrages über den Panama-Kanal 1977 ... schenkte *Omar Torrijos* seinem Freund *John Wayne* die Insel Taborcillo. ... dass *Omar Torrijos* von *Manuel Noriega* im Auftrag der CIA ermordet worden sei.

Por qué Manuel Noriega se convirtió en el más buscado de América ...
*www.theguardian.com › Opinion › Panama*
28.04.2010 - Simon Tisdall: *Manuel Noriega's* extradition to France this week has ... between then vice-president Bush and *Fidel Castro* in the 1980s.

Este sitio web señala que Manuel Noriega fue el intermediario entre el entonces vicepresidente Bush y Fidel Castro en los años ochenta.

El jurado en el juicio de Manuel Noriega de 10 cupos estrechamente definidos relacionados con las drogas no escuchó nada acerca de sus contactos con Bush o Fidel Castro. Tampoco oyó hablar de los contactos de Manuel Noriega con Oliver North, John Poindexter, el jefe de la CIA William Casey y otras figuras clave de las administraciones de Ronald Reagan y Bush que supuestamente habían consentido en el suministro de armas a los rebeldes de Nicaragua pagados con Medellín efectivo.

No deje que el nombre de Ronald Reagan se desvíe por estar en estrecho contacto con John Wayne, John Wayne incluso escribe notas a Ronald Reagan. Notas escritas a mano con consejos sobre cómo se debe hacer la cosa!

Panama: The Resume of Manuel Noriega, the Most Famous ...
*www-personal.umich.edu/~lormand/.../panama.htm*
THE RESUMÉ OF *MANUEL NORIEGA*, ... 1983-86 The US loves him for: spying on *Fidel*

*Castro* and Daniel Ortega; Permitiendo a los Estados Unidos para establecer escuchar ...

1981 Manuel Noriega se convierte en parte de una junta militar gobernante después de que 13 años de dictador y SOA egresan el general Omar Torrijos Herrera muere en un accidente de avión, más tarde culpó a Noriega ya la CIA por otros miembros de la junta.

1983-86 Estados Unidos odia a Manuel Noriega por: espionaje sospechoso de Fidel Castro y Daniel Ortega; Ayudar a Cuba a eludir el embargo económico de Estados Unidos; Ayudando a conseguir armas para los sandinistas y para las guerrillas en El Salvador y Colombia; Transferencia de alta tecnología a Europa del Este.

Los funcionarios de Reagan / Bush lo colocaron de nuevo en la nómina de los Estados Unidos, nuevamente según se informa en más de $ 100,000 por año. Crónica de San Francisco, 6/11/87

Estados Unidos le ama por: espiar a Fidel Castro y Daniel Ortega; Permitiendo a los Estados Unidos establecer puestos de escucha en Panamá, con los cuales monitorean las comunicaciones sensibles en toda Centroamérica y más allá; Ayudando a la guerra estadounidense contra los rebeldes en El Salvador y el gobierno de Nicaragua (facilitando el flujo de dinero y armas a los Contras, permitiendo que Estados Unidos fundara aviones espías en Panamá, en clara violación de los tratados del canal, Entrenar a los contras en Panamá, y espiar en apoyo

del sabotaje americano dentro de Nicaragua)
Newsweek, 1/15/90

¡Estoy pensando! Si la vida / muerte de Che Guevara era una escritura de la película, otros guiones de la película habrían sido útiles en hacer otra orden del mundo.

En un momento en que Panamá estaba bajo el ojo del mundo, no esperaba ver- nombre Margot Fonteyn aparecer!

Margot Fonteyn estuvo involucrada en una trama con Castro para derrocar a Panamá, revelan documentos
By Daily Mail Reporter
Updated: 11:08 GMT, 28 May 2010

-

**Margot Fonteyn was involved in plot with Castro to ...**

*www.dailymail.co.uk/.../Margot-Fonteyn-involved-...*
28.05.2010 - Plotters: Roberto Arias (left) and *Fidel Castro* sought to recruit an army to ... the coup was linked to actors including *John Wayne* and Errol Flynn ...
Me di cuenta de que la bailarina británica Dame Margot Fonteyn había estado muy involucrada en una conspiración con Fidel Castro para derrocar al gobierno de Panamá, revelaron archivos secretos.

La famosa bailarina fue arrestada por las autoridades panameñas en abril de 1959, luego de que su esposo lanzara un fallido intento de golpe de estado, utilizando 125 revolucionarios cubanos.

Margot Fonteyn confesó al ministro de Relaciones Exteriores, John Profumo (quien estuvo involucrado en un notorio escándalo sexual propio). - Que conoció a Fidel Castro y participó en una misión para reunir rebeldes y armas en el mar, para un intento de invasión de Panamá .

Una conspiración panameña:

Dame Margot Fonteyn estuvo involucrada en un golpe de Estado con su esposo el Dr. Roberto Arias y el dictador cubano Fidel Castro para derrocar a Panamá. Mostrar archivos, publicado por los Archivos Nacionales en Kew, al oeste de Londres.

Fonteyn tenía 39 años y una prima ballerina de fama internacional cuando fue detenida y detenida para ser interrogada en la prisión de la Ciudad de Panamá el 20 de abril de 1959, provocando una enorme publicidad en todo el mundo.

El 19 de abril la pareja no acudió a una recepción en Panamá para el visitante Duque de Edimburgo auspiciado por el embajador británico Sir Ian Henderson. Mientras ella y su esposo, el doctor Roberto Arias, hijo de un ex presidente panameño, habían salido al mar en su yate Nola, aparentemente en un viaje de pesca, pero en realidad para reunir hombres y armas para el golpe.

Sir Ian Henderson escribió: "Mi conversación con Dame Margot me convenció, si necesitaba convencerme, de que la vajilla de la familia Arias conspiraba contra el Gobierno y que ella, al menos al llegar allí, había cumplido con sus diseños rebeldes. Sabía que su marido estaba corriendo, sabía que estaba acompañado por rebeldes y en algún momento utilizó su yate para engañar a los barcos y aviones del gobierno de la dirección que su marido estaba tomando ". Sir Ian Henderson no la consideraba Conducta como apropiado para un sujeto británico, mucho menos uno que ha sido muy honrado por Su Majestad la Reina.

Entre los trazadores se encontraban Roberto Arias y Fidel Castro, que buscaban reclutar un ejército para ayudarles a llevar a cabo el golpe. A Margot Fonteyn le aconsejaron que no regresara a Panamá por un tiempo considerable, ya que su marido estaba huyendo!

Después de regresar a Gran Bretaña, Margot Fonteyn se reunió con el ministro de la oficina, John Profumo, y su esposa, la actriz Valerie, en su casa, y les dio una cuenta extraordinaria de su participación en el fallido golpe de estado.

Hay un memorándum sobre la reunión en la que John Profumo admitió que tuvo que pellizcarse varias veces para asegurarse de que no estaba soñando con la "historia de la ópera cómica" que ella desarrolló. La bailarina le dijo al ministro conservador que ella y su esposo se reunieron con Fidel Castro después de viajar a Cuba a principios de 1959.

Dame Margot Fonteyn dijo que durante su visita a Cuba en enero, Fidel Castro había prometido ayudar

a su esposo en sus objetivos de derrocar al régimen existente en Panamá.
Fidel Castro estaba detrás de este golpe, a pesar de que rechazaba todo conocimiento.
Margot Fonteyn afirmó que los invasores cubanos eran sólo soldados de fortuna que estaban dispuestos a ir a la guerra en cualquier lugar que se les pidiera. Afirmó que se había planeado una operación a gran escala pero que había salido mal en el último minuto.

Margot Fonteyn explicó que el golpe estaba vinculado a actores como John Wayne y Errol Flynn surgieron después de que funcionarios panameños encontraron la libreta de direcciones de su esposo, que contenía detalles tanto de los rebeldes que apoyaban su complot como de estrellas de Hollywood con los que había trabajado en el pasado.

La bailarina dijo al ministro de Relaciones Exteriores, John Profumo, que su esposo, Roberto Arias, estaba dispuesto a ir a cualquier extremo para ayudar a la gente ordinaria de Panamá que "estaba teniendo un trato muy duro". El Dr. Arias no pretendía nacionalizar el Canal de Panamá y no quería ser presidente.

Margot Fonteyn declaró que era "sumamente caro" para su marido tener que pagar por todas las armas y municiones para la operación, que fueron "frecuentemente extraviados y perdidos" por los rebeldes y tuvieron que ser reemplazados de su propio bolsillo.

Una nota en el expediente muestra que el Ministerio de Relaciones Exteriores debatió si debía informar a los Estados Unidos sobre la confirmación de que Castro estaba involucrado en el complot de Panamá; Dado que Margot Fonteyn había hablado con el ministro en confianza.

Un funcionario escribió: "Me atrevería a decir que no importaría mucho si no pasamos esta información a los estadounidenses".

Margot Fonteyn, nacida Peggy Evelyn Hookham en Reigate, Surrey, en mayo de 1919, llegó a alcanzar alturas aún más creativas a través de su aclamada asociación con el bailarín ruso Rudolf Nureyev, a partir de 1962. Regresó a Panamá con su esposo para la final Años de su vida y murió allí en febrero de 1991.
(Errol Flynn- Esta no es la primera vez que su nombre ha surgido.)

John Wayne şi Margot Fonteyn, mercenarii lui Fidel Castro
*www.cotidianul.ro/**john-wayne**-si-margot-fonteyn-...*

- Cea mai mare balerină britanică a secolului XX a fost implicată într-o tentativă de lovitură de stat în Panama, pusă la cale de *Fidel Castro*. Suspectaţi în acest ...
- 
- The Autobiography of Fidel Castro
- *https://books.google.de/books?isbn=0393068994* -
- Norberto Fuentes - 2010 - Fiction

- They bombarded you all day with Errol Flynn and Tar- zan and *John Wayne* and then they were scared silly when you picked up your weapons. Wherever you ...
Read more:
http://www.dailymail.co.uk/news/article-1282113/Margot-Fonteyn-involved-plot-Castro-overthrow-Panama-documents-reveal.html#ixzz3kI2ebHZR

Este autor de autobiografía es Norberto Fuentes, me he encontrado con él muchas veces en mi investigación!

Dame Margot Fonteyn participó en un complot "altamente reprobable" para derrocar al gobierno de Panamá.
Telegraph.co.uk vom 28. Mai 2010
De 1942 a 1946, Roberto Arias editó La Hora, un periódico de propiedad familiar. Luego entró en el servicio diplomático de Panamá como consejero en la Embajada de Panamá en Chile. Regresó al periodismo un año más tarde y sirvió como delegado a la Asamblea General de las Naciones Unidas en 1953.

Ahora empieza a buscar al hombre parado en la esquina,

**Los Medios de Comunicación Social en Panamá | EL ...**

*www.ellibrepensador.com/.../los-medios-de-comuni...*

30.06.2009 - Su accionista más importante fue Tomas Gabriel Altamirano Duque, ... Dr. *Harmodio Arias* Madrid (ambos fueron Presidentes de la República), y por .... que dirige el Periodista y Escritor colombiano *Gabriel García Márquez*.

Periódicos, semanarios y revistas que se distribuyen Panamá Extranjero son:

Los más importantes son los periódicos americanos como The Miami Herald, El Nuevo Herald, The New York Times, el Washington Post, The Washington Times, el Wall Street Journal, la revista Neewsweek etc. También se comercializan en Europa, como ABC, El País, Le Monde, Le Monde Diplomatique, The Economist, Le Temps, Le Republica, Le Osservatore Romano y la revista Change dirigida por el periodista y escritor colombiano Gabriel García Márquez. También hay varios periódicos en chino, la gran comunidad chino-panameña. Y hay varias revistas internacionales sobre moda, cultura, entretenimiento, etc. concentrados

Agencias de noticias internacionales y canales de noticias:

(La revista Cambio dirigida por el periodista y escritor colombiano Gabriel García Márquez!)

Pertenecen a la agencia de noticias Reuters (UPI), Agencia de Prensa Francesa (EFE), Prensa Latina (Cuba), Xinhua (China), agencia de noticias rusa (TASS), Agencia de Prensa Alemana (DPA) (ANSA), la Agencia Española de Noticias (EFE), etc. También tienen corresponsales en los canales de noticias ABC, NBC, CNN, CBS y Univision, BBC, TVE, Televisa y RAI. Italiano)
Periódico El Panama America: Diario del tipo estándar, excelente calidad y varias secciones. El mercado objetivo es la clase media y alta. Sus dueños son las arias de la familia, el Dr. Arnulfo Arias Madrid y su hermano el Dr. Harmodius Arias Madrid (ambos Presidente de la República) están conectados, y por lo tanto tiene buenas relaciones con el Partido Panameño (Arnulf Ista, derecha), que fue La principal oposición contra el régimen militar y gobernó Panamá tras la invasión estadounidense con el presidente Endara (1989-1994), y que con la presidenta Mireya Moscoso (1999-2004), que a su vez es la viuda del Dr. Arnulfo Arias Madrid excluida. Su principal propietario es Rosario Arias de Galindo, hija del ex presidente Dr. Harmodius Arias.
¿Necesito decir mas?
Sólo una pequeña crema en el pastel-
En el Diario de la Crítica Libre: Diario del Boulevard- Estado la familia Arias y el Partido

Panameño conectaron y gobernaron el país con la presidenta Mireya Moscso la viuda de Arias Madrid. Esta Revista fue propiedad de Rosario Arias de Galindo, hija del ex presidente Dr. Harmodius Arias.

Graham Greene, escribió un libro, 'Descubriendo al general Omar Torrijos exmandatario'.
La introducción cuenta cómo y por qué Graham Green espiar la participación.

Lo interesante que noté es el epílogo y el prólogo de Jon Lee Anderson y Gabriel García Márquez.

Efrain Omar Torrijos Herrera (1929-1981) fue el "Líder Máximo de la Revolución Panameña" y, según Graham Greene, quería que toda la América Central estuviera libre de toda interferencia de los Estados Unidos.

## Capítulo trece.
## La conexión con Carlos Cardoen.

Carlos Carlos Cardoen.
Informó el Financial Times.

Carlos Cardoen fue un hombre de la CIA utilizado por los presidentes Ronald Reagan y Bush 1, para lanzar bombas de racimo y otras armas secretamente a Saddam Hussein durante la guerra entre Irán e Irak. La conexión hacia y desde Max Marambio se hace clara cuando se mira dentro-

Cardoen vestido como huaso en 2010.

Sería Chile refugio de familiares de Fidel Castro tras su muerte noticiasmiami.blogia.com

¡Rumores de Fidel-Muerte!

Los rumores de la desaparición física de Fidel Castro se incrementaron como un éxodo masivo de altos dirigentes de la Revolución Cubana y sus familias; Principalmente Chile y Estados Unidos.

La televisión local reveló detalles sobre las compras de propiedades, automóviles y casas en la frontera de Chile y Argentina, que han sido facilitadas en gran medida por los empresarios chilenos Max Marambio, fundador y propietario de Corporación Cimex Havanatur y Carlos Cardoen, un personaje siniestro buscado por el FBI Después de su participación en la venta de municiones en racimo durante el conflicto Irán-Irak en 1989.

Según fuentes televisivas, fuentes chilenas afirman que estas propiedades están siendo equipadas para la familia de Fidel y Raúl Castro en caso de un estado convulsivo de la sociedad cubana desde la formalización de la muerte del líder cubano.

La inteligencia cubana ha reforzado la presencia de altos funcionarios de la Inteligencia Cubana en Santiago de Chile, como Rafael Suárez Tabares, actual cónsul de Cuba en Chile, que llevaría a cabo una operación de transferencia de 80 millones de dólares desembolsados para realizar estas operaciones en El país andino; Con el jet personal volado por Max Marambio.

Fernando García, ex Primer Secretario de la Oficina de Intereses de Cuba en Estados Unidos, fue expulsado cuando estalló la crisis de la espía americana Ana Belén Montes, fue Ministro de

Relaciones Exteriores de la Embajada de Cuba en Chile quien sugiere que ese país sería El destino final para las familias de Castro después de su desaparición física, que, según el diario El País.

Claire Sterling sabía muy bien que Carlos Cardoen Conexiones

**[PDF]**September 11 Commission Report Revised December 008
*911americanuked.com/download/1_September_11_Report.pdf*
28.08.2011 - It is the profile an international hit-man, not unlike Carlos the ...... Authors quote from a book by an American journalist, *Claire Sterling*, which ...... He then became involved with *Carlos Cardoen* and Swissco Management, and ...

¡El informe de la comisión del 11 de septiembre hace una lectura interesante!
EL INFORME DE LA COMISIÓN DEL 11 DE SEPTIEMBRE
Página 257
"Porter Goss era un joven oficial de la CIA asignado a JM / WAVE.
Goss había sido reclutado por la propia CIA en su tercer año en la Universidad de Yale. Sus dos años de servicio militar eran, con toda probabilidad, en realidad asignaciones de la CIA. En 1961, Goss fue oficialmente traído a la CIA y enviado a JM / WAVE. Posteriormente seguirá participando en las

operaciones anticastristas, basadas en las estaciones de la CIA en Haití, República Dominicana y México. Más tarde, Goss fue enviado a Londres y luego a París,

Donde estuvo involucrado en la infiltración de organizaciones laborales, hasta que desarrolló una infección casi fatal y se vio obligado, oficialmente, a retirarse del mundo espía. En su papel en JM / WAVE, Goss sirvió con algunos de los Guerreros Fríos más endurecidos de la CIA, incluyendo al Jefe de Estación de Miami Theodore G. Shackley, más tarde una figura central en la debacle de Irán / Contra; (Y) Félix Rodríguez, otro jugador líder de Irán-Contra, .... "(La batalla del Senado que viene: Abra la parte 1 de la porción de Goss de Porter, Jeffrey Steinberg, Michele Steinberg y Scott Thompson, Inteligencia Ejecutiva Revisión 3 de septiembre, 2004.

"Según Al Martin, en 1983 Goss estuvo involucrado en Irán-Contra especulando con el fraude de desarrollo de Jeb y Neil Bush Destin Country Club - un fraude del cual ganó cerca de $ 3 millones ilegalmente. Luego se involucró con Carlos Cardoen y Swissco Management, y el fraude que Swissco Management cometió, no sólo en Florida, sino en todo Estados Unidos, en los llamados "tratos ilícitos de intercambio de impuestos", que el senador Bob Graham de la Florida también (Primer sospechoso del mayor asesinato en masa en EE.UU.

A., Carol Brouillet, 4 de julio de 2004)

Chalmers es un antiguo habitante del Laberinto. A mediados de los años ochenta, se unió al carabinero chileno Carlos Cardoen, informó el Financial Times. Cardoen fue un hombre de la CIA utilizado por los presidentes Ronald Reagan y Bush Ist para lanzar bombas de racimo y otras armas en secreto a Saddam Hussein durante la guerra entre Irán e Irak. "[El escándalo de petróleo de la ONU, Global Eye, Chris Floyd, April 22, 2005.

Dos direcciones más útiles. Con nombres de viejos amigos-Frank Sturgis, Carlos Cardoen, Claire Sterling, Felix Rodríguez-

**George Bush: World Class Monster - Voxfux**

*www.voxfux.com/.../bush_world_class_criminal.ht...*
Bush reportedly coordinated *Frank Sturgis*, as well as Watergate team ...... to Iraqi Dictator Saddam Hussein via *Carlos Cardoen*, a Chilean arms dealer with ...

**- La Sociedad de La Mentira - Scribd**

*https://es.scribd.com/doc/20147109/La-Sociedad-de-La-Mentira*
24.09.2009 - Con George W. Bush en la Casa Blanca, a Frank Carlucci, un viejo amigo ...... particularmente su investigación de *Carlos Cardoen*, un fabricante de ...... Sin embargo, convenir con el ex agente de la CÍA *Frank Sturgis* en que ...... de

*Claire Sterling* sobre el crimen organizado global Thieves World (1994).

“De acuerdo con una declaración de 1995 de Howard Teicher, ayudante de la seguridad nacional de Reagan, Robert Gates, director adjunto de la CIA, participó en una operación secreta en la década de 1980 para canalizar sofisticados equipos militares al dictador iraquí Saddam Hussein a través de Carlos Cardoen, El asesino General Pinochet. "Bajo el director Casey de la CIA y el director adjunto Gates, la CIA autorizó, aprobó y asistió a Cardoen en la fabricación y venta de bombas de racimo y otras municiones al Iraq", escribió Teicher en la declaración jurada presentada como parte de un caso de contrabando de armas en un tribunal federal.”

Capítulo catorce.
Max Marambio, agente de 007 de Fidel Castro y amigo íntimo de Gabriel García Márquez.

No estoy bromeando cuando digo que Max Marambio era un agente de Fidel Castro,

Las mil caras del chileno con más llegada en La Habana baracuteycubano.blogspot.com

Vincular a Max 'Fats' Marambio con la revolución cubana se remonta a un viaje que hizo a La Habana con su padre, Joel Marambio en 1966; Que era el diputado socialista de Colchagua, una región vitivinícola de Chili. Max Marambio cayó bajo la influencia de la revolución y sus ideales, fue a la Universidad de La Habana y se unió a los campamentos de entrenamiento guerrillero inspirados en el ejemplo del Che Guevara .

Max Marambio tomó la idea de la revolución con él cuando regresó a Chile. Entró en el MIR,

*Movimiento de Izquierda Revolucionariafull* Y se convirtió en su líder. También fue miembro de GAP, 'Grupo de amigo peronales'.
Max Marambio era la guardia personal de Salvador Allende.

Se dice de Salvador Allende que fue asesinado por las órdenes de Castro. El otro rumor fue que se suicidó (me he olvidado donde vi esa observación). Como jefe de una de las serpientes más grandes del periodismo, fue Gabriel García Marqués quien anunció al mundo que Salvador Allende fue asesinado.

**La verdadera muerte de un presidente, según Gabriel ...**

*www.naranjaplatano.com/muerte**allende**.htm*
... de la muerte trágica de *Salvador Allende*, *Gabriel García Márquez* escribió un ... Sin duda alguna Gabriel García es un gran escritor en cuanto al uso del lenguaje. .... Luego todos los oficiales, en un rito de casta, dispararon *sobre* el cuerpo.
A principios de los noventa, cuando se mantenía bajo perfil, Max Marambio fue comisionado por el gobierno de Cuba para vender su antigua embajada en Chile. Era una gestión empresarial silenciosa llena de simbolismo. Fue en esa casa de la calle Estanques, cerca de la esquina de Pedro de Valdivia con Pocuro, donde el jefe del grupo de seguridad presidente Salvador Allende en voz alta los cubanos para ofrecer resistencia armada en los días posteriores al golpe.

[ELECTIONS-CHILE: Presidency in Sight for the Right | Inter ...]
*www.ipsnews.net/.../elections-chile-presidency-in-si...*
14.12.2009 - 17 runoff, with a 14-point *lead* on the ruling centre-left coalition's .... Max Marambio, ex guardaespaldas de Allende, ex líder del MIR

A principios de 1975 con el hermano gemelo, Patrick y Antonio 'Tony' de la Guardia y Max Marambio se convirtieron en parte de operaciones militares comerciales y secretas. Estuvieron tres años trabajando en Angola, Palestina, Líbano, Corea, Centroamérica y Europa. Todos ellos participaron en misiones encubiertas de "ayuda internacionalista" a las luchas de liberación.

En Chile Max Marambio había estado con las Fuerzas Especiales chilenas y el cuerpo militar de élite cubano. Y había trabajado con dos de sus oficiales más importantes: los gemelos Patrick y Antonio "Tony" de la Guardia, que en 1989 sería arrestado y procesado por narcotráfico en La Habana con el general Armando Ochoa. El primero recibiría 30 años de prisión en lo que se conoció como la causa No1. 'Tony' y Ochoa recibieron la pena de muerte.

No sería incorrecto decir que Fidel Castro sentía que su autoridad estaba bajo la amenaza de los gemelos. Se ha demostrado que Max controlaba las cuentas de Fidel Castro en Suiza. También se ha sugerido que Max compró tierras en Chili en nombre de la familia Castro en caso de que tuvieran que ir al exilio.

Max Marambio es dueño de la mitad de los negocios cubanos y le fue fácil mover dinero aquí y allá. Esto estaba ocurriendo en una época de conflicto en el gobierno cubano y el mundo estaba observando.

Así que escribir un guión! Max se cae con Castro, Max saca su dinero de Castro y de Cuba. Castro hace afirmaciones de corrupción y fraude contra Max, incluso lo condena a prisión en sus ausencias. Waite algunos años, Max reclama compensación por ser falsamente aceptado- más dinero fluye de Cuba. En el Diario 'Nueva Acción', trae información para respaldar esta idea.

**Baracutey Cubano: MAX MARAMBIO EL GUATON Y LA ...**

*baracuteycubano.blogspot.com/.../**max**-marambio.ht...*

06.07.2007 - *Pero* un chileno radicado en Cuba que perteneció *al MIR* y que participó en operaciones de la “solidaridad internacionalista cubana”
"Nueva Acción" ha mostrado la figura de Max "El Guatón" Marambio había sido comisionado por la familia Castro para adquirir tierras para ellos en Chile. En años anteriores habían escrito sobre su negocio con la tiranía cubana y descrito como uno de los grandes proxies cubanos utilizados por Fidel Castro para esconder y mover su enorme fortuna.

**Chile's Max Marambio faces criminal charges in Cuba. - The ...**

*www.thefreelibrary.com › ... › September 1, 2010*
Free Online Library: Chile's *Max Marambio* faces criminal charges in Cuba. ... government and Marambio's Chilean *International* Network Group (ING). ... *Angel Domper* is a former business associate of Marambio, who went on to ... export firm, *TJP* Internacional, supplying Cuba with Chilean-made packaged food products.

**Max Marambio Wins Arbitration Against Cuba in ...**

*www.havanatimes.org/?p=75487*
31.07.2012 - *Max Marambio* Wins Arbitration Against Cuba in International Court ... and held $23 million of his assets, according to the Chilean *newspaper*.

El Gerente General de TJP una empresa y socio comercial de Max, Angel Domper Cavalla estaban casados con Celia Guevara.
La compañía de Max ING- 'International Network Group' tiene como objetivo producir películas latinoamericanas. Esto es interesante en su auto, cuando usted introduce el nombre de esta compañía en el Internet ¿cómo es la cara usted ve !? Gabriel García Márquez.

¡Este es un hombre sobre el que puedes escribir un libro! Él es un verdadero hombre 007; Su vida aparece entre los sudarios de humo que un tren de vapor haría! Sólo puedo decir en este punto que este hombre es tan capaz como Gabriel García Marques para controlar la máquina de propaganda.
Max has used at least five diffract names-

1) -Carlos Alfonso González o Carlos Alfonso.
2) -Como Luis Rodríguez tenía un pasaporte cubano.
3) -Segum Pascual-
4) -Pero El Guaton- es un apodo de "el gordo".
5) -Ariel Fontana- es un alias para Max Marambio- (se te puede excusar si crees que es un nombre de una película).

1) -Carlos Alfonso González o Carlos Alfonso.
J-97-97-2 - Latin American Studies
*www.latinamericanstudies.org/terrorism/role2.htm*
El dueño de Havanatur era Carlos Alfonso González. Ha sido identificado por el Departamento de Estado de los Estados Unidos como un agente de inteligencia cubano. Havanatur.
El dueño de Havanatur era Carlos Alfonso González. Ha sido identificado por el Departamento de Estado de los Estados Unidos como un agente de inteligencia cubano. El presidente de Havanatur, Charles Romeu, junto con Carlos Alfonso González, ha sido acusado por un gran jurado federal por violaciones de la Ley de Comercio con el Enemigo.

2) Luis Rodríguez con este nombre Luis Rodríguez tenía un pasaporte cubano.

**Max Marambio - Wikipedia, la enciclopedia libre**

*https://es.wikipedia.org/wiki/**Max_Marambio***
Joel *Max Marambio* Rodríguez (n. Santa Cruz, 1947) es un empresario, productor cinematográfico y político chileno. En Cuba desarrolló una exitosa carrera ..

"Como productor de cine le debe mucho a Gabriel García Márquez, así como a Fidel Castro. Fue a través de su encuentro con Fidel García Márquez en La Habana y, a través de este último, llegó a producir 'Difficult Amores', una serie de seis películas financiadas por la Televisión Española y cuyo guión fue escrito por Gabriel García Márquez.

En 1988 Max Marambio inauguró su cartel de productores de cine, lo que significó la apertura de International Network Group ING, y simultáneamente la producción de consorcio a través del cual se reunieron sus negocios principales.

La contribución de Max Marambio al cine de la serie televisiva siguió a 'Nazca' (1990), el español Benito Rabal, sobre un grupo de aventureros investigadores caminando por América Latina; Y la producción de 'Alkyl me to dream' (1992), dirigida por el brasileño Ray Guerra y basada en una historia de García Márquez. Marambio aparece en los créditos como productor ejecutivo.

3) Ariel Fontana- es un alias para Max Marambio-
(Puedes ser excusado si crees que es un nombre
De una película.)

En su papel como productor cinematográfico entra en contacto con Katy Jurado-

catalogo del festival.pdf - Festival del Cinema Latino ...
*www.cinelatinotrieste.org/.../catalogo_cinelatinotries...*
Miguel Littin, quien será el Presidente del Jurado. Oficial del ...... Boy Olmi, Lalo *Mir*, Victoria. Carreras, Leo .... *leader* sindacale cocalera e voce del popolo indigeno. "Quello che *mi* ha ...... Sánchez, Reynaldo Miravalles, Raúl Pomares, *Katy Jurado*,. Alain Cuny ...... Produttore: *Max Marambio*, Luis Reneses. Produzione: ...

4) Segum Pascual-

El nombre de Carlos Alfonso González divaga en Segum Pascual- con este nombre nos encontramos de nuevo con Tania Bunke / Susan Sontag. El papel de Max no es como productor o editor de cine, sino como entrenador. Es de él que dicen que aprendió telegrafía internacional, Morse-Code; Para establecer contactos con Venezuela y otros países latinoamericanos.

El entrenamiento de la guerrilla requirió la teoría y la práctica de varios asuntos militares: desarme armas ligeras, disparos, explosivos, tácticas,

senderismo y ejercicios de supervivencia en las montañas donde el agua y los alimentos deben obtener. Uno de los instructores de Tania en estas áreas fue
Carlos Alberto González Méndez (Pascual). Él era el maestro de explosivos; Las clases se llevan a cabo en una casa operativa ubicada cerca del mediodía de la autopista, al oeste de la capital cubana en junio de 1963.
Tania, la guerrillera - Ocean Sur
*www.oceansur.com/media/fb_uploads/pdf/**tania**-guerrillera.pdf*
Tania *al* Memorial Ernesto Che Guevara, enclavado en la ciudad de Santa .... la estancia en Cuba de Haydée *Tamara Bunke* Bíder, ahora conocida en todo el mundo como ...... *Carlos* Alberto *González* Méndez (Pascual). Él fue su profesor de ...
Lo interesante de este libro es que lo hemos escrito por Ulies Estada. Se dijo que estaba cerca de Tania Bunke, tan cerca que estaban planeando una vida juntos. También se dice que iba a Bolívar con el Che Guevara, pero no fue como se pensó su piel oscura lo mostraría. Ulies Estrada también habla de Max Marambio y sus actividades en Chili.

5) Pero El Guaton

**Marambio y Cuba: ¿por qué ese divorcio brutal ...**

*https://aquevedo.wordpress.com/.../**marambio**-y-cub...*18.04.2010 - Las aristas que persiguen a *Max*

*Marambio* en Cuba ... El "*Guatón*" libró, según Fuentes, por Fidel y el castigo fue .... *Max Marambio* (63), el ex fundador del *MIR* y de la guardia .... de *Regis Debray* y también ex luchadora de la causa latinoamericana, quien conoce a Marambio desde su adolescencia.
-Los bordes persiguiendo a Max Marambio en Cuba ... El libro "Gordas", según fuentes, fue Fidel y castigo .... Max Marambio (63), ex fundador del MIR y el guardia .... Regis Debray y Ex combatiente de la causa latinoamericana que conoce a Marambio desde su adolescencia.

Este programa es interesante ya que reúne muchos de los temas que he estado hablando.
La esposa de Ileana, argentina Jorge Masetti, ex guerrillera latinoamericana y fundadora de la agencia cubana Prensa Latina, también tuvo ocasión de conocer a Marambio en sus años verde oliva con Fuerzas Especiales. Ella afirma que Max Marambio era oficial con el rango de mayor.

Los Masetti y los De la Guardia no son los únicos que conocen estos episodios en la vida del empresario chileno. Max Marambio siempre ha tenido contactos de alto nivel en Cuba; Tiene doble nacionalidad, chilena y cubana. Era muy joven cuando llegó a Cuba y allí fue entrenado. Cuba es donde desarrolló todas sus cualidades, tanto como militante político como como hombre de negocios. Ambos talentos se desarrollaron en contacto cerrado con Fidel Castro.
La antropóloga Elizabeth Burgos, ex esposa de Regis Debray, declaró: "Ellos conocen a

Max Marambio desde la adolescencia." Debieron conocer al hombre de muchos talentos, con extraordinaria perspicacia empresarial y hombre de acción, que era el principal requisito para la promoción en El régimen cubano. Elizabeth Burgos-Debray también afirma que Max Marambio sabía ser pragmático y sabe moverse en diferentes medios.

**El veraz - San Juan, Puerto Rico: Articulo: ¿Quién es ...**

*www.elveraz.com/NORBERT0.htm*Uno de ellos es el empresario *Max Marambio* -ex jefe del GAP, guardia personal de ... Según relata en el libro, Marambio o "*Guatón*" (ahora investido con el grado de mayor del .... Lo mismo está ocurriendo con Mitterrand y con *Régis Debray*.

'Truthful - San Juan, Puerto Rico: Article: Who is ...

www.elveraz.com/NORBERT0.htmUno of them is businessman Max Marambio a former head of the GAP, bodyguard ... As told in the book, Marambio or "Fats" (now invested with the rank of major of .. .. The same is happening with Mitterrand and Régis Debray.'

**Carlos Wotzkow**

*www.intelinet.org/sg_site/.../sg_**wotzkow**_spy.html* *Carlos Wotzkow*, admirador de los artículos de Servando González ... Burgos se casó con *Regis Debray* cuando éste se encontraba cumpliendo su condena en ...

Si alguien duda de que es relativamente fácil llegar a un sitio web y cambiar la información dentro de él, proporcionar algunos enlaces para que pueda ver lo fácil que es:
<http://www.2600.com/hacked_pages/>
<http://www.g4tv.com/techtvvault/features/3418/Hack_This_Site_pg2.html?detectflash=false>
<http://www.unknowncountry.com/news/?id=515>

## Capítulo quince.
## ¡Qué círculo encontrar!

Fernando Gutierrez Barrios-México secreto Policía-Carlos Delmar Jurado-

¡Qué círculo encontrar! Studding Max Marambio me ha llevado a Fernando Gutiérrez Barrios, que era el jefe de la policía secreta de México y el intermediario entre la CIA y Fidel Castro.

Fernando Gutiérrez Barrios saca a Fidel Castro de la cárcel para poder llevar el Granma a Cuba.
Absuelto por la historia - Granma
*www.granma.cu/granmad/secciones/fidel/*
*Ramón* Chao: Palabras en el tiempo, Argos Vergara, España, 1984, p. .... *Fernando Gutiérrez Barrios*: Diálogos con el hombre, Editorial Planeta, México, 1995, p. ... Gustarle al Papa y a Fidel el *Chan Chan* es como gustarle al mundo entero.

CIA | Diario de Cuba
*www.diariodecuba.com/etiquetas/cia.html*
... Manuel Martín Medem *Luis Posada Carriles* Manuel Buendía México Miguel ... Olivares Bolivia Chile CIA *Ciro Bustos* Clodomiro Almeyda Ernesto Guevara ...

José Manuel Martín Medem habló sobre sus recientes ejecuciones de libros de tráfico de drogas: los casos de Arnaldo Ochoa y Antonio de la

Guardia. Los secretos mejor guardados de Fidel Castro.

"Gutiérrez Barrios trabajó con Fidel Castro para sacarlo de la cárcel cuando fue arrestado en México mientras preparaba el aterrizaje del Granma. Y fue el mediador que a la vez resuelve las acusaciones de drogas contra Fidel y contra los gobiernos de Ronald Reagan y Miguel de la Madrid. Los presidentes de Estados Unidos y México también se relacionaron con el asesinato de Camarena y Buendía. Se aplicó la misma solución en todos los casos: los funcionarios estatales estaban involucrados en Estados Unidos, México y Cuba sin "gobiernos de autorización.

**Luego está Gabriel García Márquez, junto a Fidel Castro en aquellos días.**

Al mirar en y alrededor de este encontré el nombre de Carlos Delmar Jurado-
Carlos Delmar Jurado, en este punto no sé si hay una relación directa con Katy Jurado -uno de los cuatro en una Dama. Mira lo que la Wikipedia alemana dice sobre él.

Carlos Delmar Jurado estudió en la Ciudad de México en la Escuela Nacional de Pintura, Escultura y Grabado "La Esmeralda" en María Izquierdo. De 1955 a 1960 fue miembro del Taller de Gráfica Popular (TGP). En 1957 hubo la primera vez una exposición individual de sus obras en Chiapas.

*Durante la revolución cubana Jurado trabajó en Cuba. En Guatemala, fue sentenciado como resultado de su compromiso revolucionario con la muerte, pero fue indultado a petición de su esposa Chichai Jurado.*

En la Universidad de Veracruz en Xalapa, se convirtió en director de la escuela de arte. Donde fundó la revista de arte Zeta.Carlos Jurado (* 3 de noviembre de 1927 en Mexiko-Stadt) ist ein Künstler Mexikanischer.

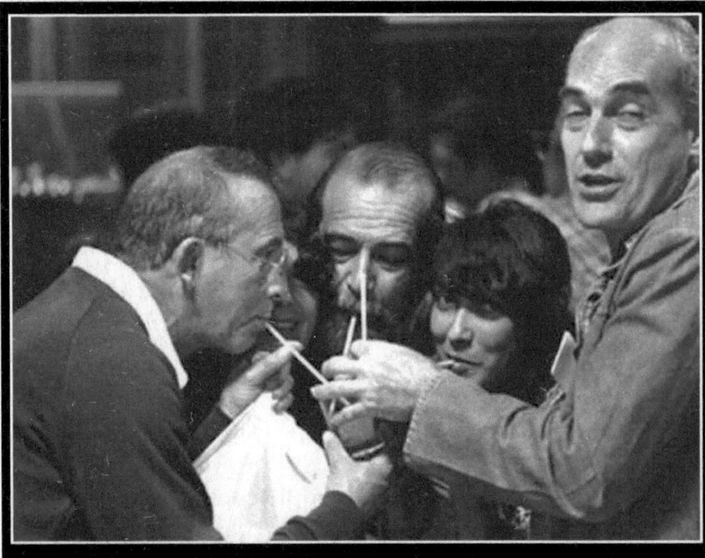

Carlos Jurado, Korda y Betty, esposa de Pirole.
Cuba La Habana 1984

 Korda nov84 cuba
fotoperiodismo.org
Como se puede ver con Korda el hombre que tomó la foto de Che Guevara el héroe; No me digas que no conocía a Gabriel García Márquez.

Y luego encuentro su nombre involucrado en Watergate!

CIA Cryptonyms - Mary Ferrell Foundation
*https://www.maryferrell.org/.../CIA_Cryptonyms.ht..*
.
DRE delegate *Carlos* Bringuier had the famous altercation with Lee Oswald in New Orleans in the ..... LIRING-3, *Carlos* Delmar *Jurado*. ... LITEMPO-4, *Fernando Gutierrez Barrios*, head of the Mexican secret police (DFS) from 1964 to 1970, ...

005n2pol
*www.jornada.unam.mx/2000/10/03/005n2pol.html*
03.10.2000 - Ť Montemayor señala a Gutiérrez Barrios como uno de los responsables ... del 68, aunque el historiador Carlos Montemayor aclaró que, con base en ... de la masacre, entre los que mencionó a *Fernando Gutiérrez Barrios*, así ... García, el artista plástico *Carlos Jurado* y Luis González Souza, entre otros.

El escritor acusa a C Jurado ya Fernando Gutiérrez Barrios de matar estudiantes- !?

Fue Carlos Delmar Jurado quien integró -no la palabra correcta- a la trabajadora del consulado mexicano Sylvia Duran; Ella era responsable de Lee Harvey Oswald! Estamos de vuelta en el círculo del asesinato de JF K. Donde, los mismos nombres aparecen en / en la fiesta de la muerte de Che Guevara.

Algunos de cuyos nombres aparecen en la aventura de Bahía de Cochinos y se repiten en el golpe de Estado de Chilin de 1973 y la muerte de Salvador Allende. ¡Y si eso no fuera suficiente, puedes encontrarlos repetidos en el escándalo de Watergate!

Luis Posada Carriles- Frank Sturgis -Olán Bosh-Félix Rodríguez.

Carlos Delmar Jurado- Activo en el movimiento obrero mexicano representando a actores y trabajadores de la producción. Fue miembro fundador de la STPC (Unión de Trabajadores de la Producción de Cine) y director nacional de la ANDA (Asociación Nacional de Actores).

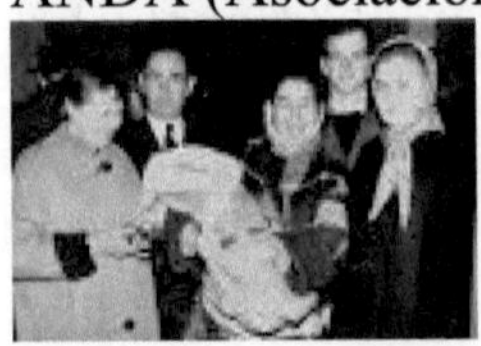
whowhatwhy.org

Este programa tiene mucho que decir sobre Carlos Delmar Jurado.

(Los autores privilegiados, quienes (a diferencia del resto de nosotros) son capaces de entrevistar a oficiales de la CIA y citar documentos secretos no publicados, continúan dominando los medios de comunicación estadounidenses con su baile entre los relatos "Phase-One" y "Phase-Two" de Oswald Gus Russo, por ejemplo, escribe sobre las "tentadoras pistas sobre una posible conspiración cubana con Lee Harvey Oswald". Afirma, muy engañosamente, que "La CIA no logró impedir la detención de Silvia Durán, la cual CIA en Washington) había sido ordenado por el jefe de la estación de la CIA Scott.

Refiriéndose a las preguntas preparadas por Scott sobre posibles implicaciones cubanas o soviéticas, las llama "las preguntas más críticas sobre el asesinato". Russo declara, en contra de la evidencia disponible, que "los interrogadores mexicanos de Durán decidieron no preguntarles". Para afirmar esto, debe pasar por alto el testimonio contrario de la propia Durán, parcialmente corroborado por un informante de la CIA (LIRING-3, identificado como Carlos Delmar Jurado), a quien Russo cita en otros lugares como "un contacto de la CIA considerado muy confiable por la agencia Unesdoc.unesco.org unesdoc.unesco.org

Watergate-

Para volver a Max Marambio y su posición como banquero de Fidel Castro; Se ha demostrado que Castro pagó una suma de dinero al Partido

Demócrata. También se había dicho que los ladrones de Watergate donde recuperar las pruebas de esta transacción.

Con la participación de Ann Wright con el Partido Demócrata estamos dando vueltas en círculos de nuevo! Declaro que Monika Ertl se convirtió en Ann Wright, Ann Wright fue la mujer que tradujo el libro de Ciro Bustos "Che quiere verte", es la misma Ann Wright que fue miembro activo del Partido Demócrata en la época de Watergate. La asociación se explica en 'Espías-CIA-Mentiras-Terrorista-Che Guevara.'

Carlos Jurado- jornada.unam.mx
Ciro Bustos   soli.nextrob.in

Y luego, cuando miré algunas de las fotos de Carlos Jurado encontré una con esa escritura, atribuyo al Che o al sindicato Che / Bustos / Debray. Explicado en Spies-CIA-Mentiras-Terrorista-Che Guevara.

No puedo en este punto tachar la posibilidad de que Carlos Delmar Jurado es uno de los dos hermanos que Katy Jurado se dice que tiene. (¡Si uno es el Che!) Pero Emilio Portes Gil, un presidente de México y ministro de servicio largo se dice que es su primo. Y como tal habría estado en contacto con Fernando Gutiérrez Barrios, el líder de la policía secreta de México.

*Carlos Jurado. Muchacha pensando en leones. Fotoserigrafía. 1976 Col. del artista*

Mira la escritura de la mano, es como la de Che.

Muchacha pensando
en leones

↙

Antes
los leones
eran blancos,
fuertes y nobles

Algunas muchachas
poetisas, piensan
todavía en los
leones

Moises: 157

Ordena los hombres suficientes para hacerles la casa a los zapateros si no entorpece otros trabajos más importantes.

En la primera oportunidad hay que hablar con Benítez. Se lo dices.

Che

Junio 11/58

... a location in the East of Cuba, the Sierra Maestro, dated November 1958.
pfcauctions.com

Carlos Jurado, maestro de la fotografía estenopeica
oscarenfotos.com

Mira de nuevo a Ciro Bustos

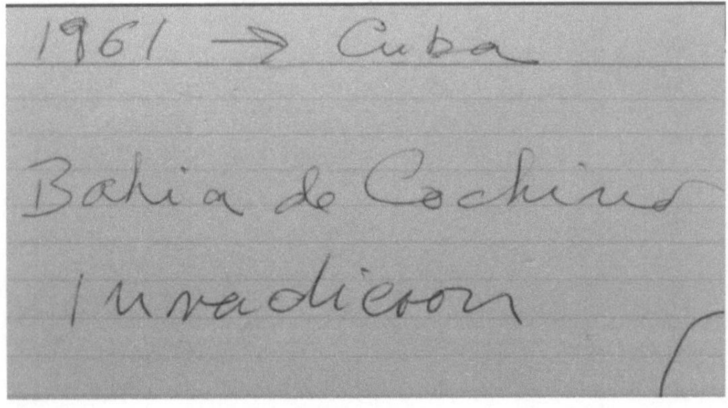

1961 → Cuba

Bahia de Cochinos

Invadieron

Al Doctor Hugo Pesce, que provocara, sin saberlo quizás, un gran cambio en mi actitud frente a la vida y la sociedad, con el entusiasmo aventurero de siempre pero encaminado a fines más armónicos con las necesidades de América, fraternalmente Che

# "LA GUERRA DE GUERRILLAS"

A Camilo

por CHE GUEVARA

*Dedicatoria autógrafa de Ernesto Guevara a Hugo Pesce, en un ejemplar de su ensayo testimonial en torno a la Guerra de Guerrillas.*

Ciro Bustos, pintor argentino que reside en Suecia desde hace unos ocho o nueve años fue y es un gran amigo; a los dos años de estar yo en Buenos Aires nos conocimos y participábamos en una peña, la que frecuentábamos los sábados a la noche, allí el que no era pintor era periodista o dibujante. Los avatares de la vida nos separaron hace muchos años pero la amistad es el lazo más fuerte que une a los seres humanos de buena voluntad. La trayectoria de mi amigo Bustos está llena de emociones humanas las que hicieron de él un peregrino del arte. Esta muestra pictórica es el testimonio más íntimo y profundo que nos brinda en este mes de 1987 mi colega mendocino.

[illegible]

Kabir

"Marquesado de la Romea"

10-5-87

Escrito por Ciro Bustos, una copia que tengo.

## Capítulo dieciséis
## Los escritores-traductores

Gabriel Garcia Marques- escritores-traductores-

Ann Wright ha escrito y traducido muchos libros;
Aquí está la lista de quién ella tradujo para.

Ernesto Che Guevara. -
Los diarios de la motocicleta.
Un viaje por América del Sur.
Por Ernesto Guevara Lynch- (el Che está más lejos.)
Elisabeth Burgos-Debray- Rigoberta Menchu.-
I Rigoberta Menchu: Una Mujer Indígena en Guatemala.

Ramón Chao. -
El tren de hielo y fuego-
Porque Cuba es Tú.

Ciro Bustos.-Che Quiere verte.
Prólogo de Jon Lee Anderson,
Jon lee Anderson-
'Che Guevara. Una vida revolucionaria.

(Jon Lee Anderson pasó tres años con la segunda esposa del Che mientras lo escribía, y durante un año vivió en el piso de arriba con Ciro Bustos).

Rigoberta Menchu.-Cruzando Fronteras.
Isabel Allende-

Bolero mexicano.

Bolero mexicano de Angeles Mastretta y Ann Wright

Isabel Allende era hija de Salvador Allende.

Libros de
Ann Wright-

El asesinato de Lomumba.

Con Ludo De Witte.

Disidencia: Voces de Conciencia.

Con Susan Dixon y Daniel Ellsberg.

(Daniel Ellsberg conectado a Watergate.)

Jon Lee Anderson- Che Guevara. Una vida revolucionaria.

Ramón Cho- Las Andaoluras Del Che.

Che Guevara Voage un Mobocydette.

Allende 1970,1973. Con Pierre Kalfon.

Alberto Granado - Viajando con Che Guevara.

Pregunta- ¿Cuántas personas han escrito los Diarios de la motocicleta ?????
Ann Wright- Ramón Chao- Ernesto Guevara Lynch-Ernesto Che Guevara-Alberto Granado.

Los Diarios Bolivianos-

(Los diarios bolivianos eran tres originales y luego más conclusión = todos son falsificaciones.
Como hay tantas versiones del viaje alrededor de Sudamérica, y mirando la lista de quienes las escribieron o tradujeron, etc. Conclusión. Todos son falsificaciones.
(El libro de Alberto Granado fue traducido por Lucia Álvarez de Toledo, la madre del medio hermano del Che. ¿Está relacionada con Jorge G Castaneda?)

Jorge G Casaneda-
`MANUAL DE ORGANIZACIÓN DE LA EMBAJADA DE MÉXICO EN FRANCIA`- este documento explica el padre de Jorge G Casaneda fue Jorge Casaneda y Alverez de la Rosa fue ministro exterior de México y embajador en París, 1983-1989. (Indicando sus contactos con el gobierno mexicano.)
Jorge G Castaneda- The Life and Death of Che Guevara. Companero.

**(A)** Castañeda: inteligente arrogancia | Letras Libres

*www.letraslibres.com › Revista › Libros*
"Conmigo, [*Gabriel*] *García Márquez* fue a la vez generoso al extremo, interesado, ... Hay que estar agradecidos con *Jorge G. Castañeda* porque ha ofrecido en ...
Castaneda siempre ha seducido por su inteligencia y su facilidad con palabras en español, inglés y francés. Se convirtió en un favorito de los temas mexicanos de los medios de comunicación como

The New York Times, Le Monde, El País Newsweek y comentarista político. Tuvo relaciones cercanas con personajes tan contrastantes como Carlos Fuentes y Gabriel García Márquez, Regis Debray y José Córdova. Hubo un tiempo en que casi ningún medio internacional podía hacer una historia sobre México sin citar a Castaneda.

Algunos nudos: Jorge G. Castañeda | Cultura y vida cotidiana

*cultura.nexos.com.mx/?p=8588*

22.06.2015 - *Jorge G. Castañeda* es un demócrata que tira más a la izquierda, así se .... Yo me encontraba con *Gabriel García Márquez*, Carlos Monsiváis y ...

9781157440307 - People from Guadalajara: Katy Jurado ...

*diebuchsuche.de › Suchen › Vergleichen*

*Katy Jurado*, Ricardo Lancaster-Jones y Verea, El Satanico, Jose Pablo ... Luis *G*. Abbadie, Oswaldo Sánchez, Xavier Martínez, Salvador Toscano, José ... Ángel de Quevedo, Daniel Guzmán, *Jorge Castañeda*, Kristian Álvarez, Karla Carrillo, ..

En su libro Jorge G Castaneda, 'Che Guevara Companero', escribe sobre el encuentro con Fernán Guterrez Barros y Fidel Castro en el rancho de Santa Rosa en Chalico. El campo de entrenamiento de Fidel Castro antes de navegar con el Granma.

¿Cuáles son las conexiones entre Jorge G Castaneda y Ramón Chao? No esperaba una respuesta. Lectura a través-

**La verdad de Castañeda | Ramón Chao**

*https://**ramonchao**.wordpress.com/.../la-verdad-de-c...*

03.04.2012 - *Jorge Castañeda* (padre) fue uno de los grandes diplomáticos que tuvo México, equiparable a figuras como Alfonso Reyes y Amado Nervo, ... Me parece que son amigos, Ramon Chao sabe que lo suficiente como para saber por qué fue apodado rubio, "El Guero" no es una sorpresa. Pero cuando Jorge G Castaneda y Ramón Chao vivían en París, Ramón Chao estaba a cargo de la casa de Jorge G Castaneda cuando fue saqueada por la policía secreta francesa. De hecho, habla sobre lo que la policía secreta llevó con ellos. ¿Fue porque vieron a Regis Debray, el asesor de Mitterrand había estado allí? Lo que dice Ramón Chao es que Jorge G Castaneda fue el intermediario entre las guerrillas latinoamericanas y el presidente de Francia. No sería sorprendente, ya que su padre, Jorge Castañeda y Álvarez de la Rosa, fue uno de los principales promotores de las reuniones de Esquipulas, donde se prepararon los acuerdos de paz. Esguipulas está en Guwatmarlia.

Ramón Chao-

¿Quién es Ramon Chao? No lo encontré hasta que empecé a buscar enlaces entre autores y traductores. Comencé con Ann Wright y encontré a Ramón Chao, que me trajo de vuelta a Jorge G Castaneda!

Esto me dejó sin aliento como me encontré en el camino a través de mi investigación otras personas de las que he hablado antes.
Ramón Luís Chao Rego (nacido en 1935) es periodista y escritor español. Ganó el Premio de Virtuosismo para Piano en 1955. Así me lo dice Wikipedia.
La dirección abajo dice que escribió el prólogo de una versión de Alberto Granado
latinoamericana von granado - AbeBooks
*www.abebooks.de/buch-suchen/titel/latinoamericana/autor/granado/*
Latinoamericana : Journal de voyage von Granado, A and Che Guevara *und* eine große Auswahl von ähnlichen neuen, gebrauchten *und* antiquarischen ... Préface de *Ramon Chao*. ... Latinoamericana due *diari per un viaggio* in *motocicletta*,.

En la siguiente dirección puedes encontrar las versiones traducidas por Ann Wright impresas por la editorial Feltrinelli.
Latinoamericana. Un diario per un viaggio in motocicletta ...
*www.book-info.com/isbn/88-07-81259-2.htm* - Diese Seite übersetzen
*Un diario per un viaggio* in *motocicletta*« (19. Auflage) aus ... *Ramón Chao* (afterword), Ernesto Che Guevara (author), Martine Thomas (translator) Mille et *une* ...

Amazon tiene para ofrecer-

**Voyage à motocyclette : Latinoamericana**
6 giu. 2001 di Ramón Chao e Ernesto Che Guevara.

Hay tantas versiones de este libro escrito por - traducido por - Pregunta que realmente lo escribió? Espero que no hayas perdido el interés por Ramón Chao, ya que puede ser visto con Gabriel García Marqués.
Miembro de la UNEAC la unión de escritores y artista de Cuba.
Como Ramón Chao habla de Jorge G Castaneda en su blog, también cuenta su amistad con Regis Debray y el presidente Mitterrand.
**La verdad de Castañeda | Ramón Chao**
*https://**ramonchao**.wordpress.com/.../la-verdad-de-c...*
03.04.2012 - *Jorge Castañeda* (padre) fue uno de los grandes diplomáticos que tuvo México, equiparable a figuras como Alfonso Reyes y Amado Nervo, ...

**Sólo para señalar quién vende sus libros.**
**Ramon Chao - Feltrinelli**
*www.la**feltrinelli**.it/libri/**ramon-chao**/205386*
Tutti i libri di *Ramon Chao* in offerta; acquista online a prezzi scontati su La *Feltrinelli.*
**Libri Letterature di Ramon Chao in Offerta | LaFeltrinelli**
*www.la**feltrinelli**.it/libri-letterature-**ramon-chao**/c.../1...* -
Siti del Gruppo: LaFeltrinelli · Giangiacomo *Feltrinelli* Editore · LaEffe - Canale 50 · Fondazione

Giangiacomo *Feltrinelli* · Antica Focacceria San Francesco.
Antes de ir por el premio, en un salón del Gran Hotel posaron para la foto: **...**
jetset.com.co
Esta foto muestra la larga asociación con Gabriel García Márquez. Ramón Chan se agacha bajo el hombre alto con la mano en el bolsillo.

Antes de ir por el premio, en un salón del Gran Hotel posaron para la foto: (sentados) Ramón Chao, Pablo Leyva, Magda Oliver, Manuel y Marie Claire de Andreis, Gonzalo García Barcha, Eligio García Márquez, Tachia Quintana, Charles Rosoff y Myriam de García. (De pie) Mauricio Vargas, Jaime Castro, Hernán Vieco, Gloria Valencia, Plinio A. Mendoza, Mercedes Barcha, Germán Vargas, Gabo, Alfonso Fuenmayor, Tita Manotas, Álvaro Castaño y Álvaro

Jon Lee Anderson-
Jon Lee Anderson- Che Guevara. Una vida revolucionaria. Hablando de Jon Lee Anderson, ha escrito el prólogo de "Che Want To See You" por Ciro Bustos traducido por Ann Wright. El siguiente

punto es, Jon Lee Anderson pasó tres años con la segunda esposa del Che, Aleida March. De hecho, sus hijos tenían la misma niñera que los hijos de Che. Para llevar a la asociación un paso más allá, Jon Lee Anderson pasó un año viviendo por encima de Ciro Bustos en Malmo. (Si Jon Lee Anderson no hubiera notado que Ciro Bustos pintó pintura maravillosa de personas sin rostro que nunca lo habría notado!

Elisabeth Burgos-Debray-

Jorge Masetti- y Banigno-

Elisabeth Burgos-Debray- transcribió y editó libros de Daniel "Benigno" Alarcón Ramírez y Jorge Masetti, ex funcionarios cubanos que rompieron con Castro y se exiliaron. Sus papeles contienen borradores de estos libros.

**Inventory of the Elisabeth Burgos-Debray Papers**

*www.oac.cdlib.org/findaid/ark:/13030/.../entire_text.* ..

Régis *Debray* and *Elisabeth Burgos-Debray* were later divorced, and ... by Daniel "Benigno" Alarcón Ramirez and *Jorge Masetti*, former Cuban officials who ... Aguilar Castro, Joaquin *Ricardo*, 1993-1995 ..... Dutch *translation*, 1983 and 1993.

Pierre Kalfon-

Pierre Kalfon- Allende Chile: 1970-1973

Il Che: Una leggenda del secolo

Tiene una larga lista de libros Che.

Il Che: Una leggenda del secolo - Google Books-Ergebnisseite
*https://books.google.de/books?isbn=8858821130* - Pierre Kalfon - 2011 - Biography & Autobiography
Una leggenda del secolo *Pierre Kalfon* ... 266 Jean-Pierre Clerc, Fidel de Cuba, cit., pp. 312-313. 267 *Max Marambio*, colloquio con l'autore, Santiago 1993.

Mira hay Max Marambio de nuevo ------
Ann Wright de nuevo ------

Al mirar a través de los archivos de la Fundación Mary Ferrell después de encontrar el nombre de Carlos Delmar Jurado está allí, (ver-Qué círculo encontrar.) Puse el nombre de Ann Wright, recordando que la Operación 40 era un grupo de asesinos formados por la CIA. Entre sus miembros están aquellos que todos conocemos, corren por el ataque de Bahía de Cochinos a Cuba, la muerte de Kennedy, la fiesta de la muerte del Che, los problemas en Chili y la muerte de Salvador Allande, Watergate. Y ahora encuentro el nombre de Ann Wright de nuevo esta vez es porque ella ha escrito sobre el asesinato de Patrice Lumumda el primer líder electo del Cong.

Operation 40 - Wikipedia, the free encyclopedia
*https://en.wikipedia.org/wiki/**Operation_40***

*Operation 40* was the code name for a Central Un grupo de contrainteligencia patrocinado por la Agencia de Inteligencia compuesto por exiliados cubanos. El grupo se formó para ...

The Assassination of Lumumba by Ludo de Witte; Ann ...*www.jstor.org/stable/3097312*
By Ludo De Witte; trans. by *Ann. Wright* and Renee Fenby. .... Lumumba's assassination.6 It is now available in English *translation* as The ... pen of *Col.* FredEric ...

Lista corta de la dirección de Internet Gabriel García Márquez. Elizabeth Burgos-Debray. Ciro Bustos. Che Guevara.

Gabriel Garcia Marquez.
**At Tranquilina's Knee - London Review of Books**
*www.lrb.co.uk/v05/n10/g.../at-tranquilinas-knee*
... Mendoza in conversation with Gabriel Garcia Marquez translated by *Ann Wright* ... Perhaps *Colonel* David Morgan doesn't know that what Garcia Marquez told .... by telling us of the wooden *translation* of what is easy conversational prose, ...

Garcia Marquez, Gabriel 1928 - Encyclopedia.com
*www.encyclopedia.com/.../garcia-marquez-gabriel-*
...

No One Writes to the *Colonel* and Other Stories (includes "No One Writes to the .... Mendoza (interviews), Oveja Negra, 1982, English *translation* by *Ann Wright* ..

Gabriel (Jose) Garcia Marquez - Student Resources in Context
*ic.galegroup.com/.../ReferenceDetailsWindow?...*
Leaf Storm recounts the story of a *colonel* and the inhabitants of a small town, .... Mendoza (interviews), Oveja Negra, 1982, English *translation* by *Ann Wright* ..

In-madbookcollection.blogspot.com
García Márquez, Gabriel, & Plinio Apuleyo Mendoza. *The Fragrance of Guava: Plinio Apuleyo Mendoza in Conversation with Gabriel García Márquez*. 1982. Trans. Ann Wright. London: Verso Editions, 1983.

Che Guevara-Los diarios de la motocicleta: un viaje alrededor de Suramérica
Por Ernesto Che Guevara, Ann Wright (Traductora), Ernesto Guevara Lynch

Ernesto Guevara Lynch- Jefe Che.
(Véase Ernesto Guevara Lynch, el padre de Che Guevara era también un actor).
Ciro Bustos-
Che Quiere Ver Usted - VersoBooks.com

Www.versobooks.com / ... / 1432-che-quiere-ver-yo ...
Por Ciro Bustos Introducción por Jon Lee Anderson ... Ciro Bustos fue el teniente argentino del Che Guevara, luchando junto a El ...

Elisabeth Burgos-Debray-
I, Rigoberta Menchu: An Indian Woman in Guatemala ...
*www.amazon.de › ... › Spezifische Gruppen › Frauen*
... *Elisabeth Burgos-Debray*, Rigoberta Menchu, *Ann Wright*: Fremdsprachige ... An Indian Woman in Guatemala von *Elisabeth Burgos-Debray* Taschenbuch EUR ..... story was lost in *translation*, as is always the case with books in *translation*,.

I, Rigoberta Menchú - Goodreads
*www.goodreads.com/.../233292.I_Rigoberta_Menc...*
Bewertung: 3,7 - 3.016 Abstimmungsergebnisse
En 1983 Elisabeth Burgos conoció a Rigoberta Menchu, de 23 años, y pasó una semana ... [Book transl. En inglés por Ann Wright. ..... alguien y luego traducido por otra persona, me pregunto cuánto se pierde en la traducción. .... I, Rigoberta Menchú: Una mujer india en Guatemala - Rigoberta Menchú, Elisabeth Burgos-Debray ...

**I, Rigoberta Menchú - Goodreads**
*www.goodreads.com/.../233292.I_Rigoberta_Menc...*
Bewertung: 3,7 - 3.016 Abstimmungsergebnisse
N 1983 Elisabeth Burgos conoció a Rigoberta Menchu, de 23 años, y pasó una semana ... [Book

transl. En inglés por Ann Wright. ..... alguien y luego traducido por otra persona, me pregunto cuánto se pierde en la traducción. .... I, Rigoberta Menchú: Una mujer india en Guatemala - Rigoberta Menchú, Elisabeth Burgos-Debray ...

David Stoll-
David Stoll ha sido muy público en su opinión de que la historia de Rigoberta Menchu es una falsificación.
Toda la historia ha demostrado ser una mentira.

David Stoll - InfoRapid Knowledge Portal
*en.inforapid.org/index.php?search=David%20Stoll*
... Nobel Peace Prize laureate Rigoberta Menchú wrote with *Elizabeth Burgos*. ... author and anthropologist *Elizabeth Burgos*, "Me llamo Rigoberta Menchú y así .

Si no estás contento con esas conexiones, entonces hay una conexión de Ann Wright con Daniel Ellsburg. Era su despacho de psiquiatra que se rompió en el complejo de Watergate.
En la descripción de la Fundación Mary Ferrell sobre Watergate también sugieren que el freno fue para localizar materiales que demuestran que el Partido Demócrata estaba recibiendo fondos de Fidel Castro.
(He hecho la misma suposición al escribir-Espías-CIA-Mentiras-Terrorista-Che Guevara.)

Sin olvidar que Ann Wright tomó ese nombre después de que ya no podía usar el nombre de Monika Ertl. Explicación completa en el libro anterior.

Roberto Moss- tradujo las historias y artículos de Gabriel García Márquez- (Ver 'Hombres Independientes').

Sólo para añadir Feltrinelli 'nombre-

**Latinoamericana. Due diari per un viaggio in motocicletta ...**

*www.book-info.com/isbn/88-07-42069-4.htm*
Un diario per un viaggio in motocicletta [Universale Economica *Feltrinelli*] P. Cacucci ... Ernesto Guevara, Alexandra Keeble (*translator*), *Ann Wright* (*translator*)

**The motorcycle diaries [Verso]**

*www.book-info.com/isbn/1-85984-942-3.htm* -
Un diario per un viaggio in motocicletta [Universale Economica *Feltrinelli*] P. Cacucci ... Ernesto Guevara, Alexandra Keeble (*translator*), *Ann Wright* (*translator*)

Lucia Alvarez de Toledo-
Lucia Alvarez de Toledo- La History Del Che Guevara.
Author of 'The story of Che.' Forward by Gabriel Garcia Marquez.
(A Trabajó para el Sistema Nacional de Radiodifusión de la Argentina Editor y

traductor de Che joven por Ernesto Guevara Lynch, padre de Che.
Madre del hermano medio del Che Guevara, Fernando L Chavaz Álvarez.
(B) traductor de - Viajar con Che Guevara. Por Alberto Granado.
(C) Amigo del oficial de enlace Ciro Bustos.

(A) bol.com | La historia de che guevara | Boeken www.bol.com/nl/s/engelse.../index.html
(B) La historia del Che Guevara | Lucìa Àlvarez De Toledo ... Presentando un prólogo de Gabriel García Márquez

(B)

Cuñado de Ernesto "Che" Guevara. Integrante de una familia tradicionalmente **...**
e.sb-10.com

(C) La historia de Che Guevara: una entrevista con Lucía Alvarez ...
*alborada.net/**lucia-alvarez-de-toledo**-the-story-of-ch...*
24.11.2010 - [*Lucía Alvarez de Toledo* is the author of 'The Story of Che Guevara', .... As I have said in my book, then Argentine liaison officer *Ciro Bustos*,

Chapter seventeen
Jon Lee Anderson

Se presentó Gabo periodista en la Feria de Guadalajara.cinereverso.org

Me parece que la asociación entre Jon Lee Anderson se remonta a 1955. Jon Lee Anderson fue uno de los jurados que seleccionó el libro de Gabriel García Marques para la Feria Internacional del Libro de Guadalajara (FIL). Organizado por la Fundación Iberoamericana de Periodismo (FNPI) es una fundación a la que Gabriel García Márquez está estrechamente asociado.
Todo parece ser un poco una broma para mí.
: Durante la presentación a Gabo el periodista, una antología de los mejores textos periodísticos del mayor escritor colombiano del siglo XX. Fueron seleccionados y anotados por Jon Lee Anderson, Martín Caparros, Alma Guillermo Prieto, Antonio Muñoz Molina, Juan Cruz, Juan Villoro, Alex y Héctor Abad Grijelmo Faciolince, entre otros escritores y cronistas del singular grupo de amigos o "amigos polígrafos" Premio Nobel de Literatura:

**Jon Lee Anderson bibliography - Wikipedia, the free ...**

*https://en.wikipedia.org/.../**Jon_Lee_Anderson**_bibli ...*

Lista de las obras publicadas de Jon Lee Anderson, periodista estadounidense. ... Anderson, Jon Lee (26 de enero de 1998). ... "El Poder de Gabriel García Márquez".

El poder de Gabriel García Márquez.

Agrego esto como un punto de interés ya que este es el libro que Jon Lee Anderson ha escrito sobre Gabo! No sólo escribió un libro sobre él, él, Jon Lee Anderson pasó varios meses viviendo en la casa de Gabriel García Márquez mientras él, Jon Lee Anderson escribió Biografía de Gabriel García Márquez.

Parece que no tenía una casa propia.

"Gabriel García Márquez se opuso activamente a la extradición de Pablo Escobar, el barón de la droga, a los Estados Unidos. El libro Crónica de un secuestro publicado en 1996 por Gabriel García Márquez.

Reconstruye el secuestro de 10 personas ordenadas en 1990 por Pablo Escobar, entonces jefe del cartel de Medellín. El libro se basa en extensas entrevistas con víctimas de secuestros y
Los que participaron en las interminables negociaciones que condujeron a su liberación. los Personajes principales son periodistas y políticos muy bien conectados, gente de la

Sociales y profesionales donde se trasladaron García Márquez y Mercedes.
La política y el periodismo han ocupado la mayor parte del tiempo desde que Gabriel García Márquez se convirtió en el accionista mayoritario de la noticia semanal 'Cambio'. Cambio comprado con el dinero del Premio Nobel, que permaneció depositado en un banco suizo durante 16 años. -Juro que es verdad, olvidó ese dinero.

Es cómo Jon Lee Anderson expresa la extraña situación de olvidar que tiene tanto dinero en el banco! Pero de nuevo este hombre no tiene que preocuparse por el dinero, sólo manipulación de las naciones.
(Sólo para añadir una pequeña observación de mi propia secuestro, el libro se encuentra en la prisión de seguridad de la Bahía de Guantánamo! Es un lugar extraño para encontrar este libro.)

In Jon Lee Anderson's –

**0802135587 - Anderson, Jon Lee - Che Guevara: A ...**

*www.euro-boek.nl/boek/isbn/0802135587.html*
Afterword by *Mario Vargas Llosa*. 248 pages. paperback. 0292715331. keywords: Literature Translated Peru Latin America. inventory # 38059. FROM THE ...

Jon Lee Anderson le da la fuerte impresión de que ha conocido a Gabriel García Márquez por un tiempo considerable. Sólo para completar otro

círculo, Mario Vargas Llosa ha escrito el epílogo de Che Guevara. Una vida revolucionaria.
(¡No olvidando que Mario Vargas Llosa fue el que nos informa que la madre del Che se quedó en su piso en París!)

EL PODER DE GABO - Semana.com
*www.semana.com › Nación*
*por JON LEE ANDERSON*. ×. EL PODER DE GABO. Cuando *Gabriel García Márquez* sale de su apartamento en Bogotá viaja en un Lancia Thema Turbo ...

`El PODER DE GABO.` En este artículo Jon Lee Anderson explica cómo, las organizaciones guerrilleras y el Ejército Nacional, ELN combinado con los cubanos y con inspiración de Che Guevara, se mezclan en la lucha de drogas y tráfico. A principios de los años 80, cuando los cárteles de Cali y Medellín se habían vuelto poderosos; Colombia estaba produciendo el 80 por ciento de la cocaína consumida en los Estados Unidos, así como la heroína. El ejército colombiano dice que necesita ayuda para luchar contra la guerrilla para derrotarlas y acabar con el narcotráfico. La frontera entre las actividades de narcotraficantes y la guerrilla se hizo aún más tenue después de la muerte de Pablos Escobar. A mediados de los noventa el negocio de la droga estaba dividido entre un gran número de mini-mafias, paramilitares de la propia guerrilla. Las FARC, la organización guerrillera más rica de

América Latina, controlaban un área donde se producía gran parte de la cocaína consumida en el mundo. Se creía que tenía 15.000 combatientes armados, mientras que el ELN tenía 5.000. Ambos grupos pagarían los salarios a sus miembros y son financiados por numerosas actividades delictivas, incluida la recaudación de impuestos sobre la producción de heroína y cocaína. Secuestro por la recaudación de rescate y extorsión de dinero de compañías petroleras estadounidenses y europeas, para cambiar la protección de sus operaciones mineras y sus oleoductos.

El Congreso de los Estados Unidos asignó 289 millones de dólares a la Policía y al ejército colombiano, convirtiendo a Colombia en el tercer país receptor de ayuda militar estadounidense después de Israel y Egipto. Este paquete de ayuda era para librar a Colombia de sus problemas.

'Gabriel García Márquez ha estado muy involucrado en las negociaciones de paz. Presentó al entonces presidente colombiano Andrés Pastrana, Fidel Castro, quien podría facilitar las conversaciones con la guerrilla. También ayudó a restablecer buenas relaciones entre Washington y Bogotá. Bill Richardson, secretario de Energía de Estados Unidos, declaró que Gabriel García Marques fue un catalizador en las conversaciones de paz.

Gabriel García Márquez fue invitado varias veces por el presidente Clinton a la Casa Blanca con sus amigos. Se afirmó que no sólo el presidente de los Estados Unidos tenía en mente el objetivo de lograr un acuerdo negociado entre la guerrilla y el gobierno colombiano, sino también lograr un mejoramiento de las relaciones entre Estados Unidos y Cuba. "Estados Unidos necesita la participación de Cuba en las negociaciones de paz colombianas porque el gobierno cubano tiene los mejores contactos con la guerrilla", explicó Gabriel García Marqués. Cuba está perfectamente ubicada a sólo dos horas de avión, donde el presidente colombiano Andrés Pastrana pudo En cualquier momento, realizar todas las reuniones requeridas y devueltas sin que nadie lo sepa.

Si Jon Lee Anderson está tan informado de la ocupación de Gabriel García Márquez entonces usted puede desafiantemente llamarlo uno de los hombres de Gabriel García Márquez

## Capítulo dieciocho.
## ` Mi amigo Che ' de Ricardo Rojo

`Mi Amigo Che' de Ricardo Rojo es un libro que miré con interés, es un libro muy inteligente que deja espacio para que otros escriban sus versiones. Sin embargo, te digo claramente lo que está sucediendo en los círculos políticos de la época en cuestión.

Este libro está fechado en mayo de 1968, debe haber sido escrito para tratar de explicar algunas de las cuestiones que no coincidían en ese momento. Aunque otros han hecho declaraciones que no coinciden con Ricardo Rojo, sin embargo se han basado en lo que ha dicho.
Los bolivianos habían tenido una revolución en 1953 y habían reformado su propiedad de la tierra.

Un tema que Ricardo Rojo deja claro es que Fidel Castro no abandonó al Che en Bolivia.
Fidel Castro estaba negociando con los comunistas bolivianos. Mario Monje como Secretario General se encontraba a principios de diciembre de 1966 en La Habana para discutir el problema de los comunistas de Bolivia. En caso de apoyar al movimiento guerrillero, se arriesgarían a oponerse a las instrucciones de Moscú.

Fidel Castro no podía ignorar los pactos entre los partidos comunistas latinoamericanos y Moscú; Necesitaba el apoyo del comunista boliviano para ayudar al movimiento guerrillero Che.

*Ricardo Rojo afirma que Fide Castro le estaba pidiendo a Mario Monje que dejara que el liderazgo político del continente latino fuera transferido de* Moscú a La Habana. Esta es una declaración fuerte! La siguiente declaración de Ricardo Rojo es: Mario Monje estaba dispuesto a renunciar a su cargo de Secretario General de los Comunistas bolivianos, lo que le permitió seguir a la guerrilla, en esta posición podría negociar con otros grupos. Ricardo Rojo dice que Mario Monje quería el liderazgo tanto de la operación Militar como Política en territorio boliviano.

Tengo que citar las palabras exactas que Ricardo Rojo dice que Che Guevara usó en su libro:
"Mi fracaso no significa que la lucha no se puede ganar. Muchos no intentaron escalar el Everest, pero finalmente el Everest fue conquistado ".

Ricardo Rojo continúa diciendo que el siguiente amanecer Che Guevara logró oír la transmisión de un discurso de Fide Castro de La Habana. (26 de julio de 1966) se dirigía a los reunidos para celebrar el ocho aniversario del triunfo de la revolución. En este discurso dice-

"En cualquier parte del mundo que el comandante Ernesto Guevara y sus compañeros sean, nuestro mensaje es especialmente cálido. Los Imperiales han matado al Che muchas veces en muchos lugares, pero esperamos que algún día, cuando menos lo espera el imperialismo. El comandante Ernesto Guevara nacerá de sus cenizas, como el fénix, guerrillero guerrillero y combativo.

Ricardo Rojo afirma que este discurso trajo voluntarios, nombra a Moisés Guevara quien el 19 de enero de 1967 se presentó al Che Guevara. Ricardo Rojo también afirma que las negociaciones continuaron en La Habana. El uno de los dos líderes del partido comunista boliviano que viajó a Cuba fue Jorge Kolle. Simon Reyes era Secretario de Relaciones para el Sindicato de Trabajadores Mineros. (De la Unión Mina se esperaba que los voluntarios vinieran.)

Se nos ha dicho que Castro abandonó al Che sin añadir, pero fueron los problemas entre los comunistas bolivianos que dejaron a la guerrilla sin la organización del Partido Comunista para suministros o líneas de comunicación.

¡Esta situación es ideal para fijar la escena de la muerte para un héroe ascendente y que viene! Está cortado así que pensamos. Camiri está a unos cien kilómetros de La Higuera. Camiri donde Regis Debray y Ciro Bustos fueron juzgados!

Ricardo Rojo dice que Che podría volar un avión que había aprendido una mosca un Cessna motorizado gemelo, y podría tomar control de un Británico. Che / Ciro podría aparecer en cualquier momento para jugar su papel en la escena de la muerte con un coche o un avión.

Fechado en el libro 1944/1957. Desde Cochabamba hasta la frontera argentina.

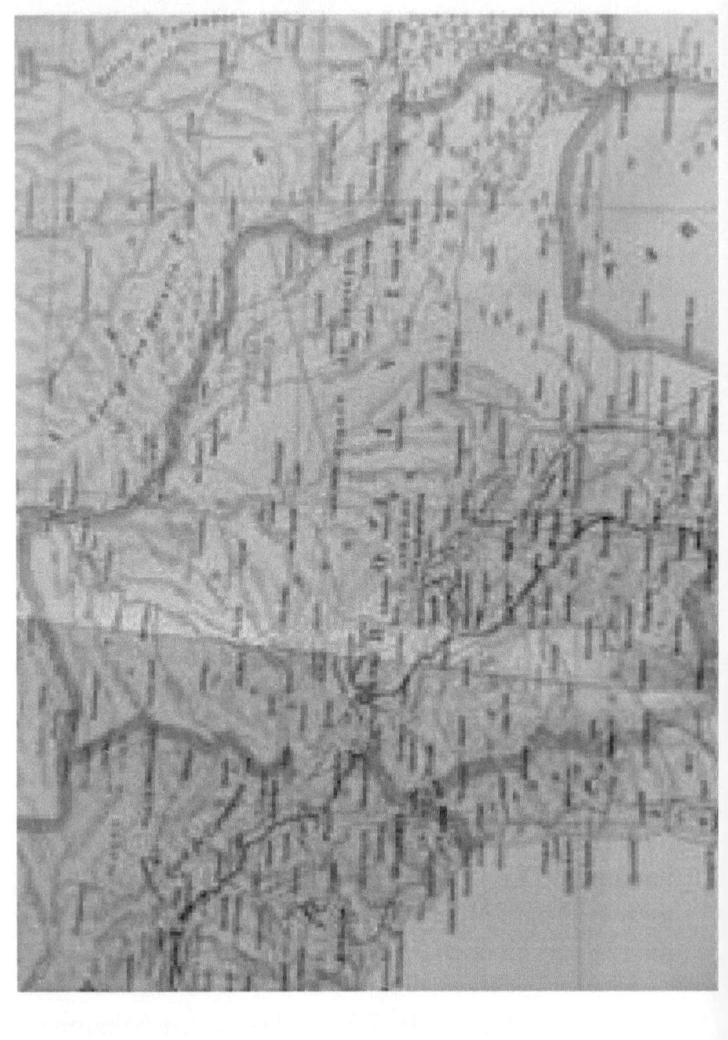

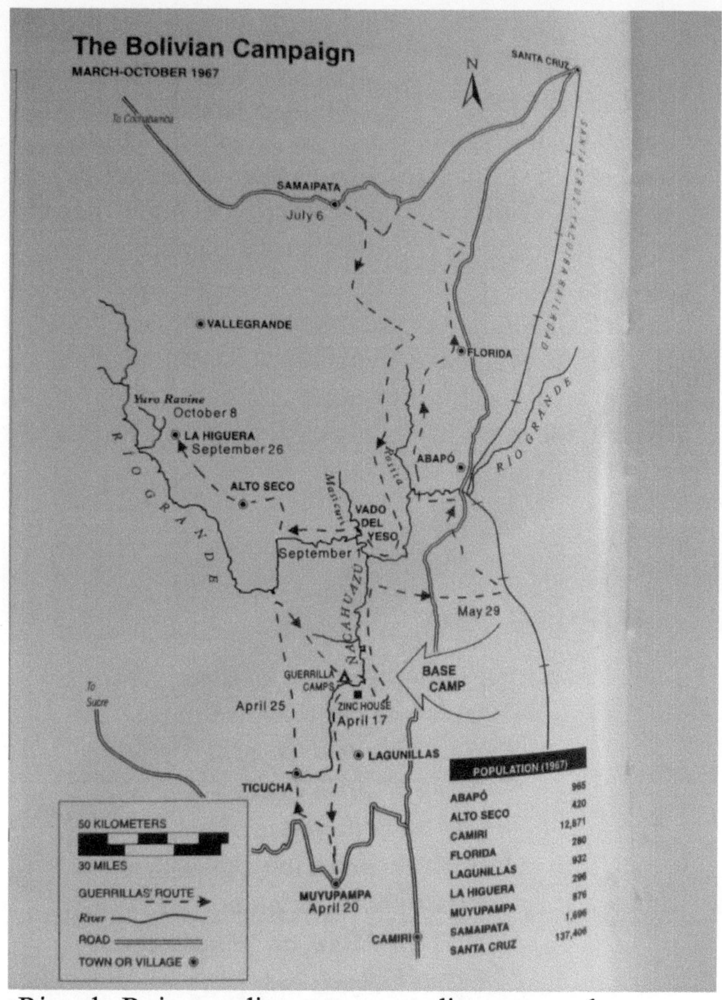


¡Ricardo Rojo nos dice esto como dice que es el abogado de Ciro Bustos! ¿Por qué la esposa de Regis Debray, Elisabeth Burgos Debray, no lo declara en sus papeles? Sin embargo, tiene un archivo para él Box / Folder: 13: 60 Rojo, Ricardo, 1967-1968

¡Ciro Bustos nombra a Jaime Mendizbal como abogado defensor! Como elisa Elisabeth Burgos Debray en sus papeles, ella utiliza los papeles de noticias del ensayo. (De esas fotos del juicio, declaro que está actuando como un hermano del Che Guevara!)

En "Che quiere verte", que es el libro de Ciro Bustos de eventos no menciona a Ricardo Rojo como un abogado, sino como su amigo. El descifrado que Ciro da es de Ricardo Rojo se puede ver en 'Mi amigo Che'.

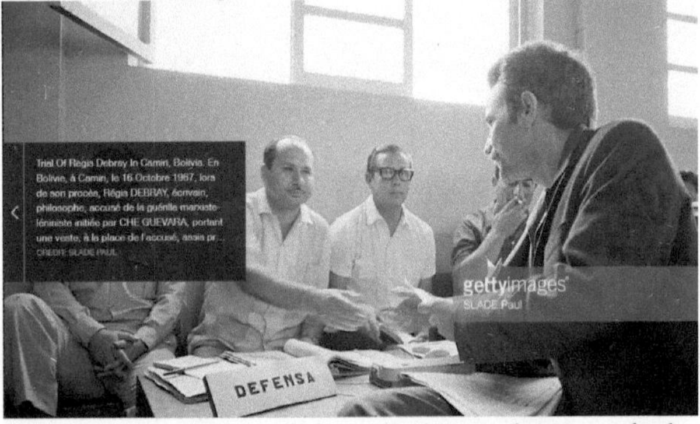


Esta foto muestra a Riges Debray alcanzando la mano de Ricardo Rojo.

Esta foto muestra a Ricardo Rojo de espaldas a la pared, Ciro / Che mirando al hombre de la cámara junto a Riges Debray.

**Website mit diesem Bild**

Trial Of Regis Debray In Camiri, Bolivia. En Bolivie, à Camiri, le

gettyimages.co.uk

**Website mit diesem Bild**

Pero sobretodo, el profundo amor con que se refería no solamente por su **...**

manigna.blogspot.com

Esta foto también se puede encontrar en 'My Friend Che'.
Es seguro decir que estuvo presente en el juicio.

Ricardo Rojo dice en su prólogo que Salvador Allende leyó el primer borrador de su libro.
Ricardo Rojo dice muchas veces que era amigo de Salvador Allende.
Salvador Allende debía suministrar a Ricardo Rojo una carta dirigida a un abogado socialista en Guayaquil pidiéndole que ayudara a Ricardo Rojo de la manera que pudiera. Como Ricardo Rojo sugiere que "Che" está con él en ese momento, esto implica que la afirmación entre Che Guevara y Salvador Allende era larga.

In **VILLA GRANADILLO: EXTRANJEROS ...**

*villagranadillo.blogspot.com/.../extranjeros-internaci...*

05.03.2015 - El fotógrafo *Alberto* Korda del periódico Revolución, quien con su cámara .... a un tío materno, periodista y comunista: *Cayetano*

*Córdoba Iturbe*, quien ..... Conociendo ahí al republicano Coronel *Bayo*, quien a la sazón funge ... El fotógrafo Alberto Korda de Revolution, quien con su cámara fotográfica ... a un tío materno, un periodista y comunista: Cayetano Córdoba Iturbe, quien ..... Sabiendo que allí el coronel republicano Bayo, que entonces se sirve Unesdoc.unesco.org unesdoc.unesco.org

Afirman que Salvador Allende Gossen dio dinero a Ernesto Guevara y cartas de recomendación para viajes subversivos en América Latina. Sugieren que el año es 1952.

Como refugiado político en 1953 como abogado Ricardo Rojo dice que se reunió con el Che Guevara en La Paz, Bolivia. Ricardo Rojo era un abogado activo en una comisión formada por el mayor partido de la oposición en Argentina, la Unión Cívica Ragical, cuyo propósito era defender a los presos políticos y sindicales.

Legión militar del Caribe-

La Legión Militar del Caribe se formó en Cuba cuando Carlos Prio Soccarras fue Presadent y mientras Romulo Betancourt y Juan Bosh vivían en La Habana. Uno de sus miembros fue el Presidente de Costa Rica, José (Pepe) Figuers.

En 1952 cuando Batista tomó el poder en Cuba los dirigentes de la Legión abandonaron Cuba para refugiarse en San José de Costa Rica, donde Ricardo Rojo dice que él y el Che se reunieron con los venezolanos Romulo Betancourt y Raúl Leoni, así como con el dominicano Juan Bosh. Los tres se convertirían en presidentes de sus países en los años siguientes Ricardo Rojo nos informa. Como había una Legión Militar del Caribe y el director dominicano tenía una organización militar embrionaria en el Caribe que enseñaba a cientos de jóvenes a usar armas modernas.

No me sorprende que la CIA estuviera presente en Guatemala, Ricardo Rojo está hablando de sus reuniones con este embajador y presidente que, mientras él y el Che se refugian en Guatemala.

El canciller argentino Osequeda parece haber pagado las facturas de la pensión de Ricardo Rojo.

El embajador argentino Nicasio Sánchez Torance ha traído a los argentinos Yerba Mate (té). El ex presidente, Juan José Arevaldo, le dijo a Ricardo Rojo y al Che que había regresado de Chile donde era embajador de Guatemala; Como uno de sus parientes habían muerto. Al enterarse de que Ricardo Rojo estaba en Guatemala, le cortó en pedacitos a Ricardo Rojo, ¡hasta llegó a pedirles que almorzaran!

Dos hombres jóvenes de aparente ausencia de consecuencia se enfrentan con el júbilo político. ¡Esto se dijo que era antes de que el Che Guevara haya conocido a Fidel Castro!

Hilda Gadea.

Ricardo Rojo menciona a los miembros peruanos del APRA. La Alianza Popular Revolucionaria Americana y que Hilda Gadea fue un compañero desinteresado de los exiliados peruanos en

Guatemala. Trabajaba para INFOP un instituto creado para estimular la producción agraria e industrial. ¡Recuerda quién es su hermano! Ricardo Gadea Acosta.

Mirando lo que Ricardo Rojo nos dice sobre sí mismo; Dice que estaba en la Universidad de Colombia, donde asistió a las clases de un profesor Frank Tannenbaum sobre política latinoamericana. Esto en la universidad con base en Gabriel García Marques ?! Mucha gente de la que estoy hablando fue allí! Ricardo Rojo sugiere que estuvo allí en 1955.

¡Arturo Frondizi es un amigo cercano de Ricardo Rojo! Arturo Frondizi es sólo el hombre que se convierte en presidente argentino en 1958 ... Este buen amigo Arturo Frondizi arregla para llevar a Ricardo Rojo desde el exilio en Nueva York

**Arturo Frondizi - Wikipedia, the free encyclopedia**
*https://en.**wikipedia**.org/**wiki**/**Arturo_Frondizi***
*Arturo Frondizi* Ercoli, GCMG (October 28, 1908 – April 18, 1995) was the President of Argentina between May 1, 1958, and March 29, 1962, for the Intransigent ...

Ricardo Rojo me informa que Jorge Masetti era periodista argentino y que era corresponsal del Che en Alemania Occidental. Ricardo Rojo fue embajador de Argentina en Alemania Occidental en Bonn. Habla de dos presidentes reformistas, Arturo

Frondizi- Argentina y Janio Quadros de Brasil trataron de mediar entre Estados Unidos y Cuba. Y que la coexistencia de un pacto entre los Estados Unidos y Rusia hacía improbable que se hiciera una guerra sobre Cuba. Esto estaba ocurriendo en el momento en que el Che era Ministro de Industrias. Ricardo Rojo debía elaborar un extenso memorándum para el Che sobre la relación cubana con Alemania Occidental.
(En este tiempo Fidel Castro estaba disusing Brasil con los chinos.)

Es más lo que este libro no dice que es interesante para alguien que era íntimo con alguien que carece de la sensación personal, pero sin embargo decir lo que está sucediendo en el mundo en el momento. Sólo menciona a Ciro Bustos tres veces uno de los cuales está en el prólogo, afirmando que era el abogado de Ciro Bustos. Regis Debray es nombrado como un amigo muy cercano de Castro. En cuanto a Tania Bunka (quien es otra identidad era Susana Sontag) dice que su cuerpo fue llevado por el agua de los ríos.

Ricardo Rojo tiene mucho que decir sobre la escena de la muerte de Che, me preguntaba cómo podía saber tanto !? ¿Ha escrito el guión? ¿Estaba allanando el camino? Él está sentado no a cien kilómetros de distancia con el actor principal! No es de extrañar que hubiera una sonrisa en sus rostros que acababan de sacar el mejor pedazo de teatro.

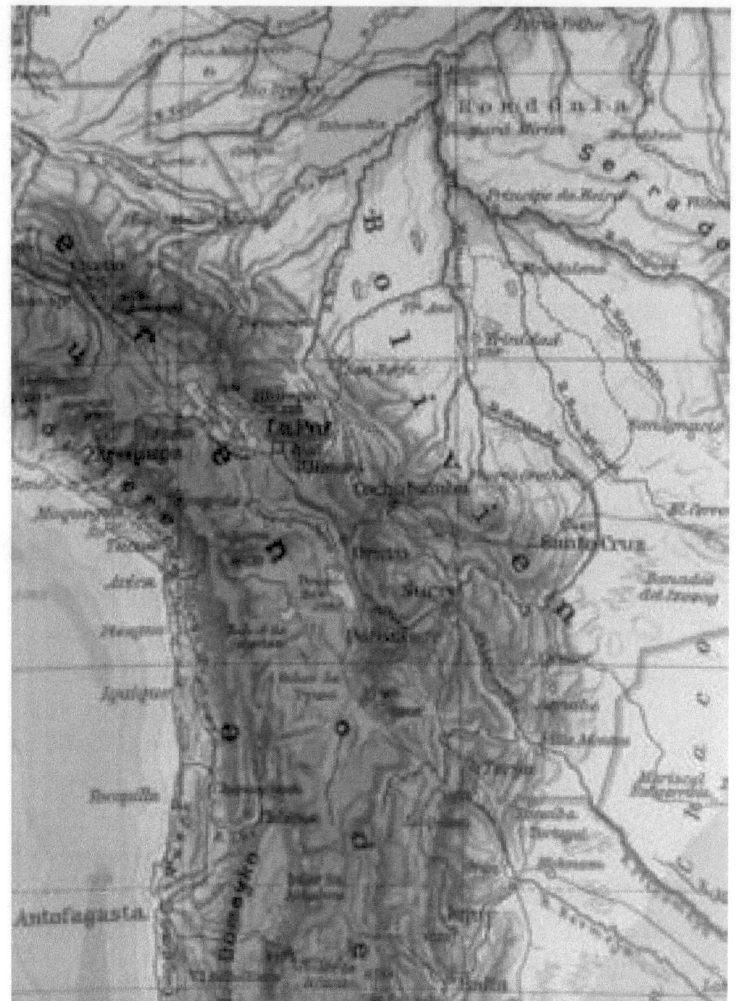

Rondônia
La Paz
Arequipa
Cochabamba
Santa Cruz
Oruro
Sucre
Arica
Iquique
Antofagasta

Capítulo diecinueve.
Paco Ignicio Taibo 11 es un hombre Gabo.

La amistad entre Gabriel García Márquez debe verse como las dos familias toman una comida junto con su interés común en la industria cinematográfica. Bill Clinton es uno de sus amigos mutuos.

Más fotos ...lne.es

Paco Ignicio Taibo 11 es un autor mexicano, un periodista, un guionista. Fue capataz en el jurado del festival de cine de La Habana 2007. Su padre, Paco Ignicio Taibo 1, es un cineasta que dirigió muchos de los festivales de cine en y alrededor de México.

Paco Ignicio Taibo 11 es de ascendencia española, mexicana, italiana, no es sorprendente ver su nombre conectado a películas que involucran a Anna Magnani. Conectarlo a Katy Jurado no era tan complicado como parece; Escribió un libro sobre María Félix, su esposo era Agustín Lara. ¡Quién era el director de la orquesta con la que se suponía que la madre de Katy Jurado había cantado!

*elpais.com/diario/1983/.../431474412_850215.html*
04.09.1983 - ... Gianneti *Anna Magnani* L'acttrice, la donna, *il* mito; L'automovile; La sciantosa; Un ... por

los autores mexicanos Luis Orozco y *Paco Ignacio Taibo*. ... Samuel Fuller, *Ignacio Taibo*, Monte Hellman, Graciela Borges, Diego .

The Italian director Federico Fellini has confirmed his presence at the opening session of the XXXI edition of the San Sebastián International Film Festival, where his film will be screened *E la nave va*. The festival, which will be closed on the 24th with the representation *Zelig*, the latest work of Woody Allen, has selected half of the 200 films programmed in different secciones.Con the projection of a cycle of films involving Anna Magnani, San Sebastian this year pays tribute to the beloved Italian actress movies directed by Alfredo Gianneti *L'acttrice Anna Magnani, the donna, il mito; L'automovile; The sciantosa; A incontro, and Correva llanno di grazi* to this cycle that has character Release. The figure of Luis Buñuel also receive a first tribute of the festival, which has two works by Mexican authors Luis Orozco and Paco Ignacio Taibo.

El nombre de Paco Ignicio Taibo 11 puede conectarse a Portes Gil, primo de Katy Jurado. Su libro sobre los disturbios mexicanos, se centra Pancho Villa. Pancho Villa fue uno de los líderes de la resolución mexicana 1879-1923. Portes Gil ocupa el cargo de presidente durante dos años 1928.
Por Ignacio Paco Taibo II Con ciertas fotos tengo una relación de amor muy ...
diasdehistoria.com.ar

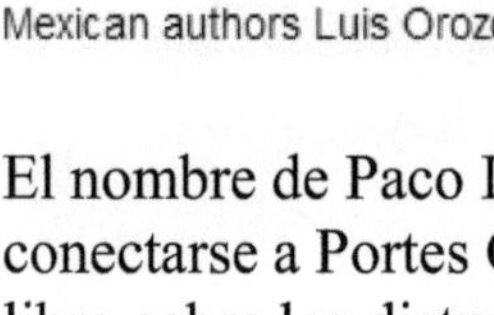

This address shows an article he wrote about Korda' famous photo of Che that Feltrinelli sent around the world. The world is small!

**Guevara, Also Known as Che (9780312206529): Paco ...**

*www.amazon.com › ... › Historical › Latin America*

Amazon.com: Guevara, Also Known as Che (9780312206529): Paco Ignacio

... El novelista e historiador mexicano Paco Ignacio Taibo II capta aquí la vida y el carácter de Che Guevara, el .... 11 de 11 personas encontraron la siguiente reseña útil.

Paco Ignicio Taibo 11, como si hubiera escrito un libro o dos sobre el Che Guevara. Ver Ernesto Guevara, Tanbien concido como el Che. "Ver que ha escrito un artículo sobre la célebre foto de Korda del Che Guevara impresa por Feltrinelli no me deja sorprender que sus libros también hayan sido publicados por Feltrinelli.

**... dinero para la guerrilla ...**

martinezestevez.wordpress.com

Martin Zestevez En el artículo que se encuentra en la dirección anterior el escritor nos cuenta que tiene algunas ideas interesantes. Nos dice que el Che tenía el uso de una estación de radio para dar a conocer la acción de sus hombres en la Sierra Maestra. Utilizó su canal para derrocar la propaganda del gobierno operativo.

Martin Zestevez comenta acerca de más de cuatrocientos libros que habían sido transportados a la zona guerrillera, su campamento guerrillero. Nombra a dos cubanos, Pombo y Tuma como los hombres responsables de su parte en la organización de la red de guerrillas urbanas en Bolivia, julio de 1966 en La Paz. Entre sus deberes estaba la compra de libros de segunda mano forman quioscos alrededor de la ciudad. Los libros servirían como ayudante de enseñanza para la educación ideológica y política de la guerrilla.

Riges Debray y Ciro Bustos fueron capturados el 19 de abril de 1967. Su captura iba a resultar más interesante, ya que le dijeron a sus cautivos sobre los libros. Se dice que Ciro Bustos procedió a dibujar mapas para mostrar dónde estaban ubicados los libros. Los libros fueron evacuados al Comando de la Cuarta División con sede en Camiri. En CAMIRI!

Martín Zestevez continúa diciendo que fue asignado a buscar los libros en 1996, que sabía de su existencia en 1984. Comprobó el inventario que dejaron los guerrilleros en las cuevas, pero no se encontraron los libros sin excepción. Habían sido desatendidos por la Fuerza Armada; No proporcionaron bibliotecarios ni archiveros para su administración. (Sólo hay una lista para decir que existieron!)

Che Guevara se suponía que tenía en el tiempo que pasó en su campamento Nancahuazu escribió su diario, leer 19 libros al mes, transcribir obras de León Trotsky, y ejecutar una lucha revolucionaria!

Cuando se decía que había sido capturado tenía en su mochila no menos de 108 piezas documentales. Hablando de la libreta de poemas-69 poemas escritos por el Che en este momento han sido traducidos por Paco Ignicio Taibo 11. Paco Ignicio Taibo 11 los publica. A preguntar cómo se las arregló? ¡A menos que fuera parte de la propaganda!

Paco Ignicio Taibo 1, Paco Ignicio Taibo 11 y su familia están en el equipo de Gabriel García Márquez

Martin Zestevez nos informa que todo lo que ha sido rescatado; Ya sea libros o documentos o documentos preparados por las Fuerzas Armadas y los guerrilleros bolivianos encajados en un sorteo metálico. Que han desaparecido, robado, extraviado o destruido. Incluso el trofeo de guerra, un conjunto de instrumentos quirúrgicos que estaban en un escaparate en Camiri, Cuartel General de Mando de la Cuarta División han desaparecido.

Martin Zestevez también menciona que las cartas escritas por la guerrilla no llegaron a su destino porque los carteros Regis Debray y Ciro Bustos no entregaron ¡ellos! Otros también fueron encontrados en la mochila de Che. (¡No es de extrañar que no pudiera huir! ¡Fue retenido por cartas, poemas y libros!)

Es el libro de Paco Ignacio Taibo 11 que Pierre Kalfon utiliza en su libro, 'Ernesto Che Guevara. - Para los problemas del Che en el Congo; Y el libro de Frank R Villafarn 'Guerra Fría en el Congo'. La confrontación de las Fuerzas Militares Cubanas,

1960-1967. Frank R Villafarn nació en Cuba en 1944, escritor de la historia cubana.

Max Marambio y Paco Ignacio Taibo nombres también se pueden encontrar en estos libros. ¿Cómo encontré Ignacio Paco Taibo 11? Encontré esta conexión cuando leí una revista escrita por Ion Mihai Pacepa titulada '¿Quién era el verdadero Che?'

## Capítulo veinte.
## ¿Quién era el verdadero Ion Mihai Pacepa?

Basta con leer el perfil de Wikipedia de Ion Mihai Pacepa: fue un hombre de la KGB hasta que desertó a los Estados Unidos en 1978. Allí después de trabajar con la CIA. La CIA describió su cooperación como "una contribución importante y única a los Estados Unidos.

**Ion Mihai Pacepa - Wikipedia, the free encyclopedia**

*https://en.**wikipedia**.org/**wiki/Ion_Mihai_Pacepa***
*Ion Mihai Pacepa* (Romanian pronunciation: [iˈon miˈhaj paˈt͡ʃepa]; born 28 October 1928 in Bucharest, Romania) is a former three-star general in the ...
Activity in the Romanian ... - Defection - Writings and political views

**Former Soviet spy: We created Liberation Theology ...**

*www.catholicnewsagency.com › News › US*
01.05.2015 - *Espionage* deep in the heart of Europe. Secrets in the *KGB*. Defection from a communist nation. Ion Mihai Pacepa has seen his share of.

Me caí de mi asiento cuando leí su perfil de Wikipedia, ya que cubre la mayoría de los problemas que he tropezado.

En el artículo el 'Sward y el Escudo'. Noté la observación: 'Todo esto no es más de lo que Claire Sterling dijo en' The Terror Network '.

**The Sword and the Shield**

*members.iglou.com/jtmajor/Mitrokhn.htm*

LA ESPADA Y EL ESCUDO: El Archivo de Mitrokhin y la Historia Secreta de la KGB ... En 1998, en bosques cercanos a la ciudad de Berna, las fuerzas de seguridad su ... (Todo esto no es más que lo que Claire Sterling Dijo en The Terror Network.)

Basta con ir a través de Ion Wikipedia Mihai Pacepa se le dice al Carlos el Chacal le pidió asesinarlo. ¿No se decía que Carlos -el Chacal era uno de los juguetes de Fidel Castro? ¡No sé si Lee Harvey Oswald era uno de los juguetes de Castro! ¿Podría Nikita Khrushchev haber ordenado el asesinato de Kennedy, pero no pudo detener a Lee Harvey Oswald? Ion Mihai Pacepa dice en su libro, "Programado para matar: Lee Harvey Oswald, la KGB soviética y el asesinato de Kennedy". Que las huellas dactilares de la KGB estuvieron por todas partes Lee Harvey Oswald y su asesino Jack Ruby.

Michael Ledeen, antiguo asesor de terrorismo del Presidente Reagan, ha escrito una crítica sobre el libro de Ion Mihai Pacepa. (Claire Sterling y Michael Ledeen dieron pruebas a la Comisión Warren).

Ion Mihai Pacepa alegó que la Unión Soviética trató de desacreditar al papado. Él dice que fue atrapado en un esfuerzo para manchar al Vaticano, al retratar al Papa Pío X11 como un simpatizante nazi de corazón frío. (Claire Sterling ha escrito sobre este tema.)

Ion Mihai Pacepa también escribió otro artículo que es de interés, en esta descripción demasiado breve de él,

¿Quién es Raúl Castro?

¿Quién es Raúl Castro? Un tirano que sólo un hermano podría amar. (Http: // article. Nationalreview.com) Quiero señalar en esta etapa que Rumania-Bucarest tiene una gran embajada cubana.

**FrontPage Magazine - Who Was the Real Che?**

*archive.frontpagemag.com/readArticle.aspx?ARTID*

23.01.2009 - By: *Ion Mihai Pacepa*

Trabajando encubierto como escritor. Lavretsky, en un libro titulado Ernesto Che Guevara, que fue editado por la KGB.

El artículo de Ion Mihai Pacepa tiene muchas observaciones interesantes. Uno de los cuales es que los hermanos Castro, temerosos de cualquier liberalización, decidieron emplastar una romántica fachada revolucionaria sobre su comunismo. "Operación Che" fue lanzado al mundo por el "Terrorista" Regis Debray. Su liberación de una sentencia de 30 años de prisión después de cumplir tres años se debió a la intervención del filósofo francés Jean Paul Sartre, un comunista románticamente involucrado con la KGB.

Ion Mihai Pacepa también afirma que Jean Paul Sartre ideólogo de la banda Baader Meinhof terrorista. (Pero Ion Mihai Pacepa no menciona a Ciro R Bustos.)

Ion Mihai Pacepa cuenta de un oficial de inteligencia Alberto Korda, un cubano. Trabajó como fotógrafo para el periódico cubano 'Revolucion'. Produjo el romántico cuadro del Che.

Ion Mihai Pacepa afirma que la foto fue presentada al mundo por un agente de la KGB, un escritor encubierto, I. Lavretsky, que escribió el libro 'Ernesto Che Guevara, que fue editado por la KGB.

(He leído esta obra, es de interés ya que también cuestiona la realidad de la Fiesta de la Muerte del Che Guevara).

Ion Mihai Pacepa dosis dar Feltrinelli crédito para inundar el mundo con Alberto Korda Che Guevara foto.

Ion Mihai Pacepa afirma que el general Aleksandr Sakharovsky creía que Fidel Castro era sólo un aventurero! Pero le impresionó el Che Guevara y la devoción de Raúl Castro al comunismo. Los dos fueron llevados a Moscú para ser adoctrinados y entrenados. Se les dio un asesor de la KGB antes de ser devueltos a la Sierra Maestra. Su consejero de KGB en los años 1950 y 1960 fue Nicolk Leonov.

**Former Soviet spy: We created Liberation Theology | Veritas ...**

*veritas-vincit-international.org/.../**former-soviet-spy**-...*

09.08.2015 - A *former KGB Spy* has recently Afirmó que la Teología de la Liberación - condenada por ... Ion Mihai Pacepa en el yate de Raúl Castro en Cuba, 1974.

¿Quién es Raúl Castro? Un tirano que sólo un hermano podría amar.

**Who Is Raúl Castro? | National Review Online**

*www.nationalreview.com/.../who-ra-l-**castro-ion-mi**...*

by *Ion Mihai Pacepa* August 10, 2006 3:17 AM. A Tirano que sólo un hermano podía amar. ... Conocí a Raúl muchas veces, tanto en Cuba como en Rumania.

¡Qué título para un artículo ... ¡Un tirano que sólo un hermano puede amar! Ion Mihai Pacepa continúa afirmando que Raúl Castro transforma un paraíso en un caos. Le preocupaba que Raúl Castro convirtiera a Cuba en una tiranía. Ion Mihai Pacepa dice haber conocido a Raúl Castro muchas veces en Cuba, Rumania y Moscú, ya que Raúl fue responsable del servicio de inteligencia cubano -La Dirección General de Inteleigencia. A principios de los años 70, Raúl Castro inició un proyecto de drogas con Ion Mihai Pacepa Antiguo servicio-

El Departamentul de Informatii.

Ion Mihai Pacepa y Raúl Castro estaban lo suficientemente cerca como para trabajar, hablar y pescar; Se desafían mutuamente en el campo de tiro. Diviértete con sus coches Alfa Romeo. Ion Mihai Pacepa afirma que Raúl siempre estuvo bajo la influencia del alcohol y la auto-importancia. ¡Pero Raúl Castro es generalmente percibido como un ministro incoloro! Pero también era el jefe brutal de una de las instituciones más criminales del comunismo:

"La Policía Política Cubana".

(Al principio me sentí confundido al leer los artículos de Ion Mihai Pacepa, pero ahora entiendo por qué Gabriel García Márquez necesitaba tomar a Fidel Castro bajo su ala.No había sólo dos gigantes jugando por el poder: Sudamérica también tenía un gigante, Gabriel García Márquez .)

¿Nikita Khrushchev realmente soñaba con caer en la historia como el líder soviético que instaló el comunismo en el continente americano, como dice Ion Mihai Pacepa? Él observa en la cercanía entre Nikita Khrushchev y Raúl Castro. ¿Dónde obsesionaban el espionaje y el contraespionaje? Fue Nikita Khrushchev quien llevó a Raúl Castro a Moscú en los años 50 en secreto. En la orden de Nikita Khrushchev Raúl Castro fue dado un consejero de inteligencia: Nikoaly Leonov. Fue el mejor experto en América Latina.

Pervoye Glavnoye Upravleniye. "Podría proporcionar. Su influencia en el curso de la revolución cubana, los secuestros políticos fueron introducidos.

En 1962 Nikita Khrushchev nombró Aieksandr Shitov como su embajador en Cuba y consejero de KGB,Poco después comenzaron a construir en secreto bases de cohetes en Cuba.

Ion Mihai Pacepa afirma que fue Nikita Khrushchev y Raúl Castro con Aieksandr Shitov que empujó el mundo empujado al borde de la guerra nuclear, no Fidel Castro.

Aieksandr Shitov se convirtió en asesor de Salvador KGB de Salvador Allende. Esto hizo que Ion Mihai Pacepa creyera que Raúl Castro tenía las riendas del vagón revolucionario cubano.

Ion Mihai Pacepa dice que estaba administrando el dinero que Rumania estaba haciendo de su propio tráfico de drogas en 1970. En 1972, los hermanos Castro y Ceausescu de Rumania sentaron las bases para un proyecto bilateral de drogas. Querían inundar el mundo con drogas. Los hermanos Castro dijeron: "Las drogas podrían causar mucho más daño al imperialismo que las armas nucleares. Las drogas erosionarán el capitalismo desde el interior ".

En 1972, Raúl Castro, según Ion Mihai Pacepa, trabajaba día y noche para expandir la influencia política cubana en Sudamérica y el Tercer Mundo. Países como Nicaragua, El Salvador y Angola fueron influenciados por sus movimientos de Liberación. Raúl Castro tenía sus militares y asesores e instructores en Palestina. Las bases de la Organización de Liberación de Palestina establecieron una estrecha cooperación con Libia, Yemen del Sur y el Frente Polisario para la Liberación del Sáhara Occidental.

A mediados de 1970 Ion Mihai Pacepa y el Departamentul de Informatii Externe estaban trabajando con Raúl Castro para apoyar a las Fuerzas Armadas Revolucionarias de Colombia, una organización insurgente marxista y antiamericana que tenía como tarea difundir el comunismo en América del Sur.

Ion Mihai Pacepa fue a defecto en 1978, se trasladó de la rumana KGB y sus conexiones soviéticas para saltar a la cama con la CIA! Ya no podía acceder a información privilegiada sobre la exportación de terrorismo y revolución de Raúl Castro.

Ion Mihai Pacepa afirma que en 1994 Raúl Castro estuvo en Bucarest para obtener inteligencia y apoyo político a la "Dirección Nacional de Liberación". Un grupo de inteligencia encargado de coordinar los campamentos guerrilleros y terroristas cubanos.

Raúl Castro, por lo que Ion Mihai Pacepa dice que tomó el crédito por los disturbios en Nicaragua y Grenada. También tomó el crédito por matar a 197 personas en Colombia en 2001, el mismo grupo secuestró a 13 legisladores colombianos de un edificio del gobierno, que sostuvieron a la candidata presidencial colombiana Ingrid Betancourt.
(Lillian Betancourt era una de las personas más ricas del mundo en este momento, encabezó la compañía francesa de cosméticos y ella era la madre de Ingrid

Betancourt, aunque su dinero estaba apoyando algunos de los eventos en esta época, como su nombre Se puede conectar con Jean Luc Godard y sus producciones cinematográficas: Ciro Bustos-Sacrificio.

Ion Mihai Pacepa también señala que Hugo Chávez el presidente de Venezuela, que idolatraba a los hermanos Castro, había amenazado con dejar de exportar petróleo a los EE.UU. Hugo Chávez tenía la intención de iniciar una guerra convencional contra su vecina Colombia! ¡Como Colombia era el principal aliado de Estados Unidos en la región!

**Ex espía de la Unión Soviética - ACI Prensa**

*https://www.**aciprensa**.com/.../**ex-espia-de-la-union-s**...*

05.05.2015 - *Ion Mihai Pacepa* fue general de la policía secreta de la Rumania ... *Ex espía* de la *Unión Soviética*: Nosotros creamos la Teología de la Liberación ... creado por la KGB con ayuda del "*Che*" *Guevara*; y la Organización para ...

LIBERATION THEOLOGY-

El concepto del movimiento de la TEOLOGÍA DE LIBERACIÓN me ha hecho pensar. El movimiento nació en la KGB, su nombre fue inventado por la KGB. Durante los años la KGB tuvo una inclinación por los movimientos de 'Liberación'. Estuvieron involucrados en Colombia, Bolivia.

Yasser Arafat fue ayudado a crear la Organización de Liberación de Palestina. Eran unos pocos movimientos de liberación nacidos en Lubyanka- la sede de la KGB.

Ion Mihai Pacepa proclama que la KGB tomó el control del Consejo Mundial de Iglesias, en Ginebra, Suiza; Para usarlo como cobertura para convertir la TEOLOGÍA DE LIBERACIÓN como una herramienta revolucionaria en Sudamérica. El Consejo Mundial de Iglesias fue la organización internacional más grande después del Vaticano ecuménico, con 550 millones de cristianos de diversas denominaciones en 120 países.

Ion Mihai Pacepa nos dice que la KGB creó una organización religiosa llamada "Conferencia Cristiana de Paz" ¡Sus empleados eran oficiales de inteligencia soviéticos encubiertos!

La tarea oficial de la Conferencia Cristiana de Paz fue reducir la pobreza. Reconocer nuevos movimientos religiosos, alentar a los pobres a rebelarse contra - 'violencia institucionalizada de la pobreza'.

Ahora puedo entender la necesidad de drenar los activos de la Unión Soviética. El hecho de que Leo Emil Wanta elaboró una estafa para aplastar el rublo en 1990-1991 es explicado por Claire Sterling en su libro 'Thieves World'.

Ion Mihai Pacepa es un hombre de Gabriel García Márquez, es difícil de decir, pero él era un hombre de ese tiempo.

Si el mundo fuera una naranja; A pesar de sus segmentos sigue siendo una naranja. Incluso si es malos bits necesitan cortar es todavía una naranja. Este mundo es bazar!

## Capítulo veintiuno.
## ¡Un falso!

Fue Ion Mihai Pacapa quien informó de un viaje que Raúl Castro debió hacer en 1953. El nombre Nikolay Leonov o Nicolai Leonov me recordó una foto que me había desconcertado antes.

**Alfredo Guevara, political commissar of the Cuban cinema ...**
*www.thecubanhistory.com/.../alfredo-guevara-politi...*
20.04.2013 - *NikolaiLeonovRaulCastroJoel*[1] Fidel Domenech. Nikolai Leonov and Raul Castro on their way back from the Praga "Congress" in 1953 when ...

**Exgeneral de la KGB cuenta sus vínculos con Raúl Castro**
*www.martinoticias.com/...**raul-castro**.../96677.html*
15.06.2015 - *Su* amigo Nikolai Leonov, *exgeneral* de la *KGB* y exdiputado a la Duma, es el autor del libro, que presentó en Moscú el canciller Serguei ...

Se dice que es de Fidel Domenech, Nikolay Leonov y Raúl Castro. Fidel Domenech, capitán del ejército cubano.

Ion Mihai Pacapa dijo que Nikolay Leonov era el asesor del KGB en Che Guevara y Raúl Castro en los años 1950 y 1960.

La siguiente persona en la foto se dice que es Raúl Castro. ¡Pero no pensé que fuera Raúl Castro! Yo hubiera dicho que era el Che! Si es Che entonces significaría que la parte Guevara comenzó de otra manera.

Dependiendo del programa que estén leyendo, van o regresan de participar en el establecimiento del Comité Preparatorio para el IV Festival Internacional de la Juventud que se celebró en Bucarest. Ya sea en mayo o abril o incluso agosto.

Se afirma que Raúl Castro estaba en esa nave, 'Andrea Gritti' que iba o venía de La Habana y Bucarest.

Sin embargo, otro programa dice que Raúl Castro no pudo ir a este festival de la juventud ya que se le impidió asistir debido al asalto a la guarnición de Moncada.

**Historia de los Festivales Mundiales de la Juventud y los ...**

*www.**granma.cu/granmad**/.../1**6festival/historia**.html*

Praga 1947: 1 *Festival Mundial* de la *Juventud* y los Estudiantes ... *historia* dos meses después le impediría a Raúl asistir al IV *Festival Mundial* de la *Juventud* y ...

Diversión cuando los historiadores no pueden estar de acuerdo!

La foto-

Lo primero es que no es Raúl Castro-

En segundo lugar la foto es un falso-

¿Por qué es una falsificación?

Tres hombres de pie en uno al lado del otro, aparentemente no se tocan.
Amplié la foto para tener una mejor mirada en la cara del hombre a la derecha. ¡Me sorprendió ver un pulgar y dos dedos alrededor del brazo derecho del hombre! Las manos de Fidel Domenech están en el carril del barco, la mano de Nikolay Leonov se puede ver en sus caderas, mientras que el tercer hombre tiene las manos a la espalda.
Todos los hombres están disfrutando del sol en sus bañadores. Entonces, ¿dónde está el hombre al que pertenecen los dedos?

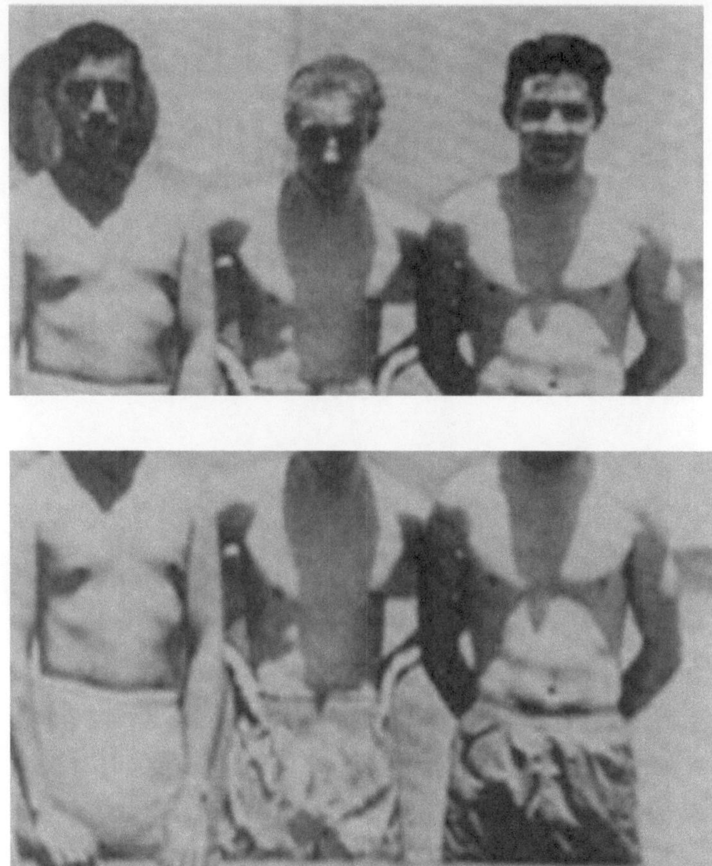

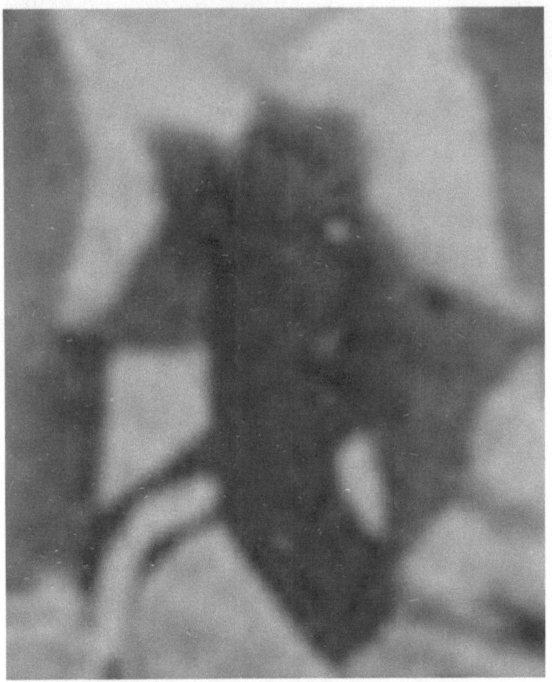

En el brazo hay dos dedos y un thum.

"Conozco los archivos de la señora María Teresa Proenza, la vi acostada fumando marihuana con el pintor mexicano, incluso con ropa en la cama de Frida, intentos infructuosos de reclutarla, así como los de Eusebio López Azcue, que en realidad era Víctor Pina Cardoso, Cónsul de Cuba en México quine junto al Coronel Nicolai Leonov dirigió la operación para asesinar a John F. Kennedy ".

Esta observación provino de una repetición en Joaquín Ordoqui and the "greatness of the revolution" Dose seam everyone knows everyone.

El blog de Tania Quintero: Joaquín Ordoqui y la "grandeza de la ...

taniaquintero.blogspot.com/.../joaquin-ordoqui-y-la-grandeza-de... ▾ Diese Seite übersetzen

01.02.2016 - Joaquín Ordoqui y la "grandeza de la revolución" ... Mesa, que Roberto Fandiño tecleó para dar copias a Chomón, Alfredo Guevara y el G-2.

El blog de Tania Quintero: febrero 2016

taniaquintero.blogspot.com/2016_02_01_archive.html ▾ Diese Seite übersetzen

29.02.2016 - Web, taniaquintero.blogspot.com ...... Joaquín Ordoqui y la "grandeza de la revolución". El miércoles 24 de septiembre de 2014, el periódico ...

## Capítulo veinte y dos.
## Fake Fotos

Mirando la foto con los tres dedos que no tienen un cuerpo al que pertenecer, decidí echar otro vistazo a otras fotos.

Ernesto with his father in 1944 ernesto-che-guevara.blogspot.com

Fue tomada en 1944 por Celia de la Serna, la madre del Che, en su casa de Alta gracia. Al lado está su padre Ernesto Guevara Lynch

¡Solo mira la oportunidad que ofrece esta foto! Se pueden unir dos fotos.

1936 yılında ailesiyle birlikte.
Guevara öğrencilği boyunca Latin

...devrimcilik.blogcu.com

En esta foto las sombras no coinciden - el carril a través del niño pequeño en el primer plano y la sombra del carril por un Che joven? Y el niño pequeño en la pierna izquierda de primer plano está en el agua como Che debe ser!

El Diario del Congo!

Congo Diary: La Historia del Año "Perdido" de Che Guevara en África (Centro de Estudios Che Guevara) Paperback - December 27, 2011
De Ernesto Che Guevara (Autor), Aleida Guevara (Prefacio)

Con este prólogo de Gabriel García Márquez, este libro llena el capítulo faltante de la vida del Che Guevara como jefe de la fuerza cubana secreta que fue para ayudar al movimiento de liberación en el Congo contra los coloniales belgas en 1965 La idea era preparar un grupo de cubanos para la misión a Bolivia, así como para ayudar a los movimientos africanos de liberación nacional.

Este diario permanece inédito durante décadas debido a su contenido polémico, pero, al igual que sus otros diarios, revela el gran don literario del Che, su inteligencia afilada, su ingenio seco y su honestidad brutal. Debido a que este diario trata de lo que Che admite fue un "fracaso", examina cada detalle doloroso sobre lo que salió mal para sacar lecciones constructivas para futuras expediciones. Esta publicación del diario completo Congo ha sido revisada a fondo por la viuda del Che, Aleida March, y publicada en asociación con el Centro de Estudios Che Guevara en La Habana.
caracteristicas:
Prefacio de Gabriel García Márquez ("Che Guevara en África") y la hija de Che, Aleida Guevara
Twenty-eight pages of unpublished photos.

Amplias notas y un glosario que explican los términos swahili
Contraportada de Nelson Mandela y Gabriel García Márquez

Usted puede ver a Che sentado a un lado de lectura, sin esfuerzo que también puede donde dos fotos se han unido. En primer plano se puede ver una rama confirmando la unión.

This file photo taken in 1965 photo shows Cuban-Argentinian guerrilla leader ...newvision.co.u

Como no tengo acceso a los originales, no puedo contestar preguntas que surjan ni puedo contestar todas las preguntas que necesito respuestas. Pero puedo dudar de lo que se espera que creamos. Podría agregar muchos otros ejemplos. Si no estás buscando fotos falsas, no las ves.

Dos ejemplos de la cara de muerte del Che, donde se puede ver la línea de una lente de contacto.

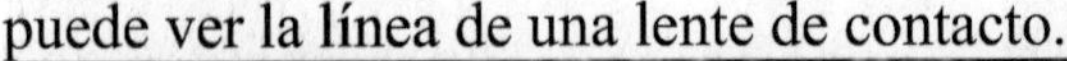

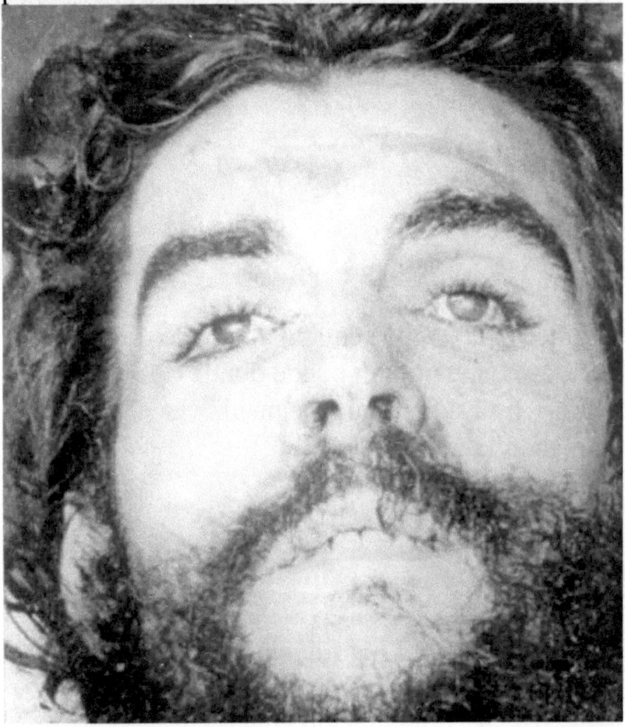

Volvieron a Camiri y le iban dando algunos dolares, 5 a veces por su ayuda, ...museocheguevaraargentina.blogspot.com

Loading zoom.
articulo.mercadolibre.com.ar

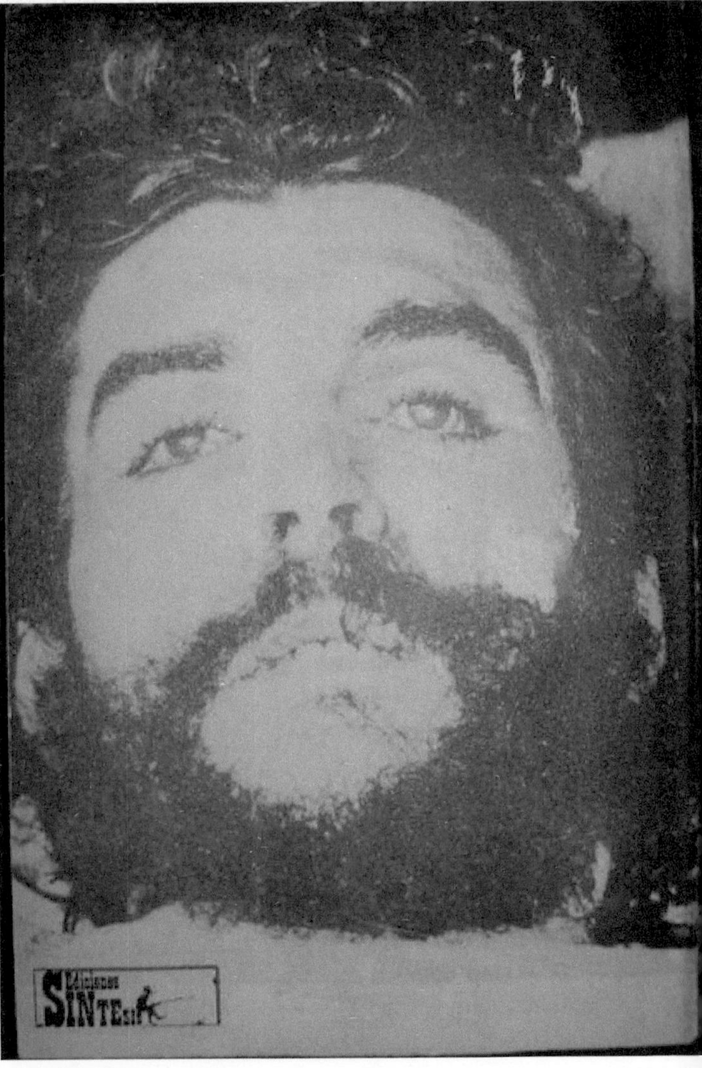

Los ejemplos son para demostrar que hay falsificaciones que se encuentran. La pregunta es ¿POR QUÉ?

Hablar de fotos falsas es un tema que hay que mirar desde otro punto de vista, ¿qué quieren que vean los guionistas? He pasado por un mar de fotos que se supone que marca la muerte de un héroe. ¡Pero como la fiesta de la muerte fue planeada y pagada por adelantado! Giangiacomo Feltrinelli se llevó $ 50,000,000 a La Paz.

$ 50,000,000 es un montón de dinero incluso ahora! El viaje de Giangiacomo Feltrinelli a Bolivia es bien conocido; Clair Sterling y Carlo Feltrinelli, así como su esposa Inge Schönthal también informó de que el Giangiacomo Feltrinelli retiró la gran suma de dinero. (Inge Schönthal siguió dirigiendo la editorial con el apoyo de Giangiacomo Feltrinelli después de su muerte).

Sentarse y tratar de decidir qué fotos son falsas y las que no son una pérdida de tiempo. A ellos les gustan los Diarios Bolivianos sólo pueden ser falsificaciones, ya que el evento para el que fueron impresos era una falsificación en sí mismo.

No puede haber más que una sola mano escrita Diario Boliviano, el momento más aparecen entonces / ellos son falsificados. Cuando hay inconsistencias en las fotos de la Fiesta de la Muerte - como diferentes fondos, que difieren de azul y gris, a tener grafito y luego no! Diferentes objetos, gente sin nombre de pie, la única figura consistente es el Che, con o sin los ojos abiertos y la luz refleja. (No importa cuántos fotógrafos haya en una boda, las mismas personas y objetos se encuentran en todas sus imágenes, incluso si se toman desde diferentes puntos de vista. Con tales diferentes en las fotos puede explicar las diferentes fechas que se dieron a El hecho de que las paredes no coincidan podría significar que la escena se jugó en diferentes lugares.Con Ciro Bustos y Regis Debray actuando en el caso de la corte muy publicado sólo unos pocos kilómetros por el camino, para distraer a cualquier observador, No estaban en la cárcel en ese momento sino viviendo en la casa de al lado (dicho en el propio libro de Ciro, esta afirmación puede ser confirmada en las declaraciones de otros)

Cars, Land Rover de Tana negro fue capaz de utilizar la buena carretera junto a una tubería de gas, había incluso aviones ligeros en uso por civiles y militares por igual. Los actores estaban utilizando el alojamiento militar al otro lado de la carretera de la corte. Usted puede confirmar en los periódicos desde el momento en que el Che Guevara era desconocido en Bolivia. Las carpetas de Elisabeth Burgos-Debray tienen copias de esto.

Ahora sé que son actores en un set de películas, ver a los hombres jóvenes apuntar sus armas a un cuerpo es divertido. Si hubiera estado allí me habría reído; Tendrían necesidad de encontrar lejos para detenerme! Es justo decir que ha habido fotos falsas hechas por otras razones.

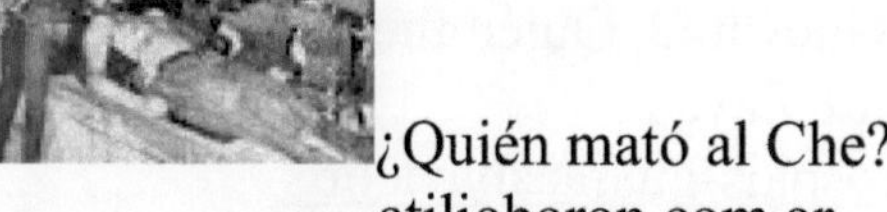

¿Quién mató al Che?
atilioboron.com.ar

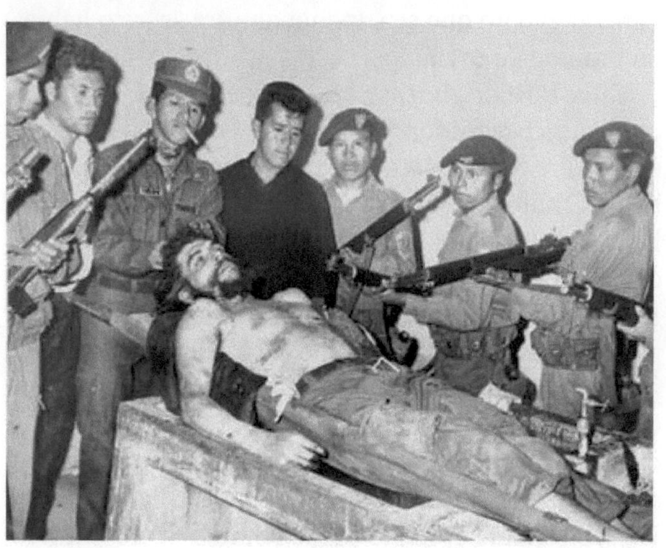

**Marcelo Fernández-Zayas.**

¿Marcelo Fernández-Zayas otro hombre de Gabriel García Márquez? Ha escrito artículos confirmando el papel de Félix I. Rodríguez. Marcelo Fernández-Zayas incluso afirma que estaba allí intercambiando cámaras con Nino de Guzmán!

OTROS ARTÍCULOS EN ESTA SERIE SOBRE CHE GUEVARA: El propio Che Guevara fue traicionado Che Guevara: ¿Quién fue la víctima? Marcelo Fernández-Zayas
http://www.amigospais-guaracabuya.org/

Para un evento que se suponía que era secreto había un montón de invitados!

Felix I. Rodríguez, relata su vida en un libro publicado por Simon y Schuster. (El mismo editor que Claire Sterling y otros en este complot) en 1989 bajo el título de 'Shadow Warrior - Shadow Warrior'. Felix I. Rodriguez tiene el mismo nombre de código que Ciro Bustos. Como se confirma en 'Weg Der Revolución Che Guevara' www.icestorm.de. Esta película también muestra a los dos hombres que jugaron asesores militares e integradores para la CIA. Sus caras se pueden ver en el caso judicial en el que actúan como los abogados acusados. El más alto asume el papel de un 'INTY' y Pier Paolo Pasolini asume el papel del segundo 'INTY'. (Ver '¿Por qué se han mezclado sus identidades con otros?)

También en la película hay una escena donde un hombre jubiloso-Che Guevara está rebotando arriba y abajo; Es con ocasión de Benigno Dariel Alarcón Ramírez y otros regresan de Bolivia vir Chili con la ayuda de Salvador Allende.

Che Guevara se traicionó a sí mismo

**Marcelo Fernández-Zayas**

"Marcelo Fernández-Zayas declara el 8 de octubre de 1967, en un lugar no demasiado lejano en la zona de Vallegrande, la sede de la Octava División del ejército boliviano bajo el Coronel Joaquín Zenteno Anaya. En el mismo lugar estaba, instalando equipo de radio en el avión boliviano, el capitán Felix Ramos Medina, cuyo verdadero nombre es Felix Rodríguez Mendigutía. Es un veterano cubano-americano de la Agencia Central de Inteligencia (CIA), un experto en contrainsurgencia, quien aconsejaba al ejército boliviano cumplir con la petición de La Paz a Washington. "También declara que la CIA intervino en nombre de Debray. Rodríguez confirmó la participación de un agente de la CIA en favor de Debray, quien trabajó bajo el nombre de Gabriel García García, cuyo verdadero nombre de pila es Julius.

Ciro Bustos afirma en su libro que tuvo un contacto- Gabriel García !? Aquí está un Gabriel García, cuyo verdadero nombre de pila era Julius !? Según Marcelo Fernández-Zayas era un Agente de la CIA. Para decidir si son uno y lo mismo, dejo a usted.

Félix I. Rodríguez es alguien que ha estado en la escena de la muerte de Kennedy y el partido de la muerte Che Watergate y compartió la misma editorial que Clare Sterling, dado pruebas en el

Senado como ella. Juega cartas con Dariel Alarcón Ramírez 'Benigno'.

Dariel Alarcón Ramírez 'Benigno' y Felix Ismael Rodríguez Mendigutía se reunieron en París- así lo afirma Marcelo Fernández-Zayas el 14 de octubre de 1996. ¿Para jugar a las cartas?

¡Esto me lleva de nuevo a donde empecé! Empecé con la película 'Schnappschuss mit Che' de Wilfied Husismann. Donde Ciro Bustos sale de la prisión con una cabellera llena; Lo cual era extraño para un hombre que había ido a la cárcel como un hombre calvo.

Félix: Es la única y la ultima foto de el vivo en cautiverio.

baracuteycubano.blogspot.com

'Schnappschuss con Che'by Wilfied Husismann proporciona la evidencia de que el disparo instantáneo con Che Guevara es un FAKE. Tiene a Felix Ismael Rodríguez Mendigutía de pie junto al condenado, el Che Guevara.

Sólo tiene que haber una foto falsa que trae abajo la casa de las tarjetas.

Hay una foto más que quiero mostrarte que es ésta con Juan Antonio Rodríguez Menier, Félix Rodríguez. Juan Antonio Rodríguez Menier es el ex oficial de inteligencia cubano de alto rango y cofundador del Servicio Secreto cubano.

Mira lo que están haciendo con los dedos.
¡Nos da bien que nos han engañado!

Juan Antonio Rodríguez Menier, Félix Rodríguez redcarpetreports.de

## Capítulo Veintitrés.
## La cuestión de la Bahía de Guantánamo.

¿Alguien hizo la pregunta, por qué están los estadounidenses en control de Guantánamo? Estados Unidos impuso un embargo a Cuba, pero todavía usan la provincia de Guantánamo como base militar en la laguna natural para sus buques de guerra, y Estados Unidos ha colocado su renombrada prisión en su centro. Es una prisión que toma teóricos de todo el mundo. Una prisión que no tiene una reputación de ser un campamento de vacaciones!

El grito electoral del presidente Obama fue cerrar el campo de prisioneros; A finales de 2015 (tiempo de redacción), esto no ha sucedido.

Cuando empiezo a mirar en esto, el primer pensamiento que viene a la mente es esto es como demandar a alguien por mantener conejos en su casa, pero usted está poniendo su muck conejo en su huerto.

Usted no pensaría que esta pregunta sería tan difícil contestar, pero después de una semana de hurgar a través de miradas negras, Guantánamo allí era solamente algunos puntos del interés.

El primero que encontré en-

'The White House Years.' By Henry Kissinger.

**White House Years: The First Volume of His Classic Memoirs**

*https://books.google.de/books?isbn=0857207105* - Henry Kissinger - 2011 - Biography & Autobiography

En sus conversaciones de 1971 con Régis Debray, en un momento en que era, de hecho, ... o con la moderación de Fidel Castro con respecto a Guantánamo.5 La única deducción.

Puedo entender por qué Regis Debray estaba conversando con Henry Kissinger sobre Salvador Allende. Pero no estoy tan seguro de por qué están discutiendo la Bahía de Guantánamo, otro para decir que había mucha actividad, pero no responde a la pregunta de por qué la base es tolerada por todas las partes.

Esta es la observación que hizo Henry Kissinger: Salavdor Allende ha señalado que es una necesidad táctica tomar el control del Gobierno. Salavdor Allende lanzó esta táctica a la decisión de Mao Tse-tung de permitir la empresa privada unos años después de que los comunistas tomaron el poder en 1949 o la de la restricción de Fidel Castro con respecto a Guantánamo.

La otra referencia que Henary Kissinger hace de Guantánamo es-
La siguiente observación es:
Vorontsov informó a Heny Kissinger que su gobierno deseaba reafirmar el entendimiento de Kennedy-Khushchev sobre el rescate de Cuba en 1962: "Queremos subrayar que en la cuestión cubana procedemos como antes, del entendimiento sobre esta cuestión en el pasado esperamos Que el

lado americano también se adhiera estrictamente a este entendimiento ".

Henry Kissinger declara que estaba perplejo y lo dijo, no era consciente de ninguna tensión especial sobre Cuba; No estamos haciendo nada desagradable; No había una razón obvia para que la Unión Soviética planteara la cuestión. Voronsov dijo que había habido nuevas historias, dijo, sobre aviones estadounidenses para fortalecer la defensa de la base del ombligo de Guantánamo. También hubo historias de supuestas actividades militares soviéticas en Cuba.

Vornosov le leyó una nota que se quejaba de las actividades subversivas de "stepp-up" contra Cuba por los exiliados que operaban desde la Florida. Herny Kissinger preguntó de qué manera Moscú deseaba con fi rmar el entendimiento de 1962 y lo que Vorontosv pensaba que era el entendimiento. Dijo que una declaración oral de Herny Kissenger sería suficiente. Vornosov dijo que entendió que Estados Unidos no invadiría a Cuba por la milicia.

Esto se dijo que había sucedido en el momento de los arreglos bajo los cuales los misiles soviéticos y bombas fueron retirados.

Una Obvia- Bajo el nombre de Luciano Monteagudo, que creo que es Jean Luc Godard, que es miembro fundador de ATMO una empresa de cine sueca, ha escrito un artículo para Pagina 12; Con el texto para "Sacrificio-Quién traicionó Che

Guevara." Sobre Ciro Bustos. Una película de Erik Gandini y Tarik Saleh.
No me sorprende ver que hacen otras películas- Gitmo es una película sobre Guantánamo.

**Gitmo (2005) - IMDb**
*www.imdb.com/title/tt0481348/*
Bewertung: 6,6/10 - 271 Abstimmungsergebnisse *Gitmo* (2005) Poster .... Stars: Jon Lee Anderson, Ciro Bustos, *Régis Debray* ... Useful and probing documentary of interrogation practices at *Guantánamo* Bay.

**Erik Gandini - Wikipedia, the free encyclopedia**
*https://en.wikipedia.org/wiki/**Erik_Gandini***
*Erik Gandini* (born 14 August 1967) is an Italian-Swedish film director, writer, and ... 3.1 Surplus - Terrorized into Being Consumers; 3.2 *Gitmo*; 3.3 Videocracy ... death and shed new light on the role played by French intellectual *Regis Debray*.

Un pequeño punto de interés sobre lo que han estado sucediendo durante los últimos veinte años, Encontré esto en-
**The two faces of Guantanamo Bay, Cuba | Medill | Washington**
*dc.medill.northwestern.edu › GITMO*
13.08.2015 - NAVAL *STATION GUANTANAMO* BAY, *CUBA* – The U.S. may have opened an ... Since the reestablishment of diplomatic *relations* Entre los EE.UU. y .... Este año cooperaron para

luchar contra un fuego imaginario en la línea de la cerca.

"El capitán de la base, capitán (David) Culpepper, se reúne con la Brigada Fronteriza Cubana, que es su equivalente a los militares de ese lado", dijo Wirfel.

"Es una reunión muy profesional. Nunca se habla de nada político. Todo es administrativo.

El objetivo de las reuniones es mantener la frontera pacífica. Ninguno de los dos lados quiere un ataque inadvertido de un malentendido.

"Como puedes imaginar, cuando tienes a los guardias de pie en la línea de la cerca cara a cara con el otro, es importante que haya alguna comunicación en cuanto a lo que está sucediendo de nuestro lado y lo que está sucediendo de su lado", dijo Wirfel. El restablecimiento de las relaciones diplomáticas, dijo Wirfel, no afectaría las reuniones mensuales, que han estado sucediendo durante 20 años.

Además de los encuentros mensuales, hay un sorprendente esfuerzo militar conjunto anual en la cooperación entre dos países que no se han llevado a lo largo durante décadas.

"Todos los años también hacemos un ejercicio bilateral con ellos", dijo Wirfel. Este año cooperaron para luchar contra un incendio imaginario en la línea de la cerca. Los participantes saltaron de un lado a otro a través de la frontera fuertemente vigilada, en un momento llevando a una persona con una lesión simulada a través de la frontera en territorio enemigo.

Para concluir, sería mejor pensar en el embargo. El embargo cubano es de un punto de fuera, más como un perro a la cabeza, con eso quiero decir que a veces la línea es real apretada mientras que otras veces la línea está floja. Dependiendo de quién está jugando qué juego en cuanto a la forma de agravio de la línea es. En 1974 Gorge Bush padre es el jefe de la CIA; Pidió a Orlando Bosch que uniera a todos los exiliados cubanos, los grupos de la mafia de Miami.

## Capítulo veinticuatro.
## Ernesto Guevara Lynch- Che Guevara's
## ¡Padre también era un actor!

Anotar cómo se trabajaban sus relaciones en la fabricación del Che Guevara era como tratar de desatar los pedazos atados de la cuerda. Tanto viene de los barones de la droga, la guerra civil española y los que tuvieron que abandonar sus países por cualquier razón.

Escritores de diferentes países; Hombres quemados por la revolución mexicana. Sin olvidar la industria cinematográfica de la que México debía estar orgulloso, con escritores y actores que podrían llamar la atención en todo el mundo.

Aquí están las conexiones que se supone que debemos creer.

Cayetano Cordova Iturburu-
Carmen de la Serna, esposa o ya mencionad Y su hermana-
Celia de la Serna- dijo madre al Che.
Hija de Carmen de la Serna-
Carmen Cordova- Chichina.
Primo del Che y primer amor.
Primo- Dolores Moyres Martin-
Miembro de la familia antes mencionado.

Mira a este pequeño grupo de dichos miembros de la familia-cómo se relacionan con las influencias de la época-

Cayetano Cordova Iturburu-
Fue presidente de la SADE, Sociedad Argentina de Escritores, entre 1965-1969

Gabriel García Márquez, fue el jefe de la sociedad mexicana de escritores que condujo a la fundación del ICAIC dirigido por Alferdo Guevara en Cuba.

Manual Barbachono Ponce- fue el productor mexicano de cine Alferdo Guevara aprendió forma con Gabriel García Márquez.

Paco Ignicio Taibo 11- es también productor de cine y Gabriel Garcia Marques amigo cercano de la familia. Una de sus películas es 'Pancho Villa' Cantinflas actuó en ella.

'Cantinflas' Fortino Mario Alfonso Moreno-actor y fue secretario general en 1944 a la Unión de producción cinematográfica. Se sabe que fue utilizado como doble para el Che.

Ernesto Guevara Lynch- El padre de Che Guevara fue también en Show Business, presidió el comité de republicanos, dio conferencias y conciertos con Cuarteto Aguilat. (El Cuarteto Aguilar, grupo que huyó de los problemas de la Guerra Civil Española.)

Entre rejas - El blog de martinguevara - Overblog

***martinguevara.over-blog***.*es/article-entre-rejas-1178...*

18.05.2013 - Los González *Aguilar*, llegaron a la Argentina expulsados por la ... Los tíos de Carmen tenían un *cuarteto* musical, eran astros del laúd, todo ..

---

(¿Quién nos dice esto? Ann Maria Erra segunda esposa y Martin Guevara, su hijo menor.)

**Ann Maria Erra**, segunda esposa de Ernesto Guevara Lynch, sectaria.
**Lucia Alvarez de Toledo**- traductora, editora y madre de Ernesto Guevara Lynch para el medio hermano del Che.
**Dolores Moyano Martin**. Cousin- Cayetano Córdova Familia Iturburu.
**Martin Guevara**- hijo menor de Ernesto Guevara Lynch.
**Jorge Camarosa**- 'Historias Secas de Córdoba'.
**Jorge G Castaneda**-
(Al principio me resultaba difícil entender las conexiones, ¡tantos trozos de cuerda!)
**Cayetano Córdova Iturburu**-
Cayetano Córdova Iturburu - Wikipedia, la enciclopedia libre

*https://es.wikipedia.org/.../**Cayetano_Córdova**_Iturb*
*Cayetano* Policinio *Córdova Iturburu* (16 de febrero de 1899, Buenos Aires, Argentina- 25 de abril de

1977, Buenos Aires) Periodista y poeta, fue uno de los...
Fue presidente de la SADE, Sociedad Argentina de Escritores, entre 1965-1969.
En 1971, fue incorporado a la Academia Nacional de Bellas Artes.
Se casó con Carmen de la Serna (hermana Celia de la Serna, madre de Che Guevara), su hija es la arquitecta Carmen Cordova
En 1934, se unió al Partido Comunista.

La dirección abajo muestra la conexión a Gabriel Garcia Marques! Raúl González Tunon también fue periodista y estuvo con Cayetano Córdova Iturburn durante la Guerra Civil Española.

Raúl González Tunón trabajó con Manuel de Falla; Escribió y dirigió música para el cuarteto Aguilar. Manuel de Falla corte la atención de Manuel Ponce.

**Opus 94 - Instituto Mexicano de la Radio**

*www.imer.mx/opus/*Música de España, México y Brasil: Miguel Bernal Jiménez, Manuel M. Ponce, Heitor Villa-Lobos, Isaac Albéniz y *Manuel de Falla*. Lunes 25 de enero a las ...
Ann Erra Lynch remarks on this connection.
Ann Erra Lynch de Guevara, madrastra del Che. / Belen Vargas.
1937 - 2007 :: ii congreso internacional de escritores para la ...
*ddd.uab.cat/pub/expbib/2007/exili/aznar.asp.html*

... Vallejo; a los argentinos *Cayetano Córdova Iturburu* y Raúl González Tuñón; ..... con toda la razón del mundo pudo afirmar el escritor *Gabriel García Márquez* ..

---

Thiess dirección de estado las relaciones entre primos y amigos, he leído todos los mencionados.

Carmen Córdova - Wikipedia, la enciclopedia libre

*https://es.wikipedia.org/wiki/Carmen_Córdova*

*Carmen Córdova* pertenecía a una familia de ideas avanzada y progresistas, hija del escritor Cayetano Córdova *Iturburu*. Creció rodeada de un mundo ...

Carmen Córdova: retrato de una moderna - Página/12 :: radar

*www.pagina12.com.ar/.../9-1922-2004-12-31.html*

31.12.2004 - Fue hija del escritor y crítico “Policho” *Córdova Iturburu* y prima del Che. Criada en la gran tradición moderna de los años '30 y '40, *Carmen*

Che Guevara: A Biography - Seite 94 - Google Books-Ergebnisseite

*https://books.google.de/books?isbn=1461732069* - Daniel James - 2001 - History

AnovE: Ché at age 7 with his aunt *Carmen* de la Serna cle *cordova Iturburu*, whom he idolized, and his cousin Negrita, with whom he later had a puppy-love ...

Arq. Carmen Córdova. Su fallecimiento : Sociedad Central ...

*socearq.org/.../arq-carmen-cordova-su-fallecimiento...*

Hija del poeta, escritor y crítico Cayetano "Policho" *Córdova Iturburu* y de *Carmen* de la Serna, prima hermana de Ernesto Che Guevara, *Carmen* fue socia y ..

Maria del Carmen "Chichina" Ferreyra, Ernesto` s first true love.
ernesto-che-guevara.blogspot.com

---

Dolores Moyano Martin-

Tribute to Dolores Moyano Martin-lcweb2.loc.gov
Los recuerdos detallados de Dolores Moyano Martin de Ernesto Che Guevara como un muchacho y un hombre joven fueron publicados en la revista New York Times en agosto de 1968, menos de un año después de su muerte en Bolivia. The World & I

(febrero de 1988) publicó "From El Cid a El Che: El héroe y la mística de la liberación en América Latina", que la escritora-editora Cynthia Grenier describió como "un análisis brillante y penetrante que vincula a Guevara con una larga tradición De la historia y la psicología hispano-latinoamericanas ".

Jorge Camarasa-

PDF]Documento completo Descargar archivo - SeDiCI
*sedici.unlp.edu.ar/.../Documento_completo.pdf?...1*
von L Otrocki - 2008 - Ähnliche Artikel
... a *Gabriel García Márquez*, "La investigación no es una especialidad del oficio, .... El Palacio y la Calle de Miguel Bonasso y Días de furia de *Jorge Camarasa.*

---

Jorge G Castaneda

Algunos nudos: Jorge G. Castañeda | Cultura y vida cotidiana
*cultura.nexos.com.mx/?p=8588*
22.06.2015 - *Jorge Castañeda* es una rara avis y su más reciente libro Amarres ..... Yo me encontraba con *Gabriel García Márquez*, Carlos Monsiváis y ...

Jorge Castañeda Gutman - Wikipedia, the free encyclopedia
*https://en.wikipedia.org/.../Jorge_Castañeda_Gutma* ...
Jorge Castañeda. *Jorge G. Castaneda* - World Economic Forum on Latin America 2011.jpg .... (1996); La vida en Rojo, una *biografía* del Ché Guevara. (1997) ...

Miriam Morales - Wikipedia, la enciclopedia libre
*https://es.wikipedia.org/wiki/**Miriam_Morales***
*Miriam Morales* Sanhueza (Santiago de Chile 1952), es una profesora y ... de 1980 a 2001, Morales estuvo casada con *Jorge Castañeda*, ex Secretario de .Jorge G Castaneda- 'the Life and death of Che Guevara, Companero'
Jorge Germán Castañeda Gutman (born May 24, 1953) is a Mexican politician and academic who served as Secretary of Foreign Affairs (2000–2003).

*On March 25, 2004, Castañeda officially announced his presidential campaign by means of a prime-time campaign advertisement carried in all major Mexican television stations.*

Jorge G Castañeda esposa es también interesante es de una familia política activa, por esto quiero señalar a todos en la lista anterior tienen resinas políticas para la construcción de Che Guevara de la joven historia.

'Cantinflas' Fortino Mario Alfonso Moreno-
'Cantinflas' Fortino Mario Alfonso Moreno- nota-protagonizan una huelga de artistas con Jorge Negrete- (Uno de los padrinos de Katy Jurado).

Biografia de Cantinflas [Mario Moreno Reyes]
*www.biografiasyvidas.com/biografia/.../**cantinflas**.ht...*
*Cantinflas* [Mario Moreno Reyes]. (Ciudad de México, 1911-id., 1993) Actor cómico mexicano. Se hizo mundialmente célebre con el nombre de su personaje ...

En 1944 se incorporó al Sindicato de Trabajadores de la Industria Cinematográfica (STIC), fundado en 1919 bajo el nombre de "Unión de Trabajadores Aliados de Cinematografía", contribuyendo a mejorar las condiciones de empleo del personal de los estudios. Planeada, secundada por Jorge Negrete y Arturo de Córdoba (con quien mantuvo una fuerte polémica sobre la dirección de la Asociación Nacional de Actores
[ANDA ]).

Cine, pedagogía y exilio. Un recorrido entre España y ...
***ccec.revues.org/4884***
von S Sel - 2013 -
... Val del Omar escribe en Madrid su Manifiesto de la Asociación Creyentes del Cinema. http:/ (. ......

URL : *http://ccec.revues.org/4884* ; DOI : 10.4000/ccec.4884.
http://ccec.revues.org/4884

---

**'Cantinflas' Fortino Mario Alfonso Moreno-Katy Jurado.**
*¡Tan cerca estaba su contacto que Katy Jurado encontró su cuerpo después de suicidarse!*
*(Hay otras versiones de su muerte que se encuentran.)*

La película de Cantinflas hace olvidar la maldición familiar ...
*www.elmundo.es › LOC*
28.06.2014 - *Mario Moreno* Cantinflas pudo haber sido un alcohólico empedernido ... Poco después de su muerte, *Katy Jurado*, la actriz de Hollywood que ...

---

**Lucia Alvarez de Toledo-**
Lucia Alvarez de Toledo en 'entrevista: Lucia Alvarez de Toledo' con Mark Thwaite estados- "Hace algunos años el cineasta Pepe González-Aguilar y yo habíamos reunido el material para un documental sobre el Che. Lamentablemente Pepe desarrolló cáncer de garganta y murió poco después. Había crecido con el Che en Córdoba (era un refugiado republicano español) y lo había seguido a Cuba para trabajar para el ICAIC, el Instituto Cubano de Cine. Alfredo Guevara. (La familia de

Pepe González-Aguilar era miembro del Cuarteto Aguilar.

Lucia Alvarez de Toledo- esta señora ha estado involucrada en la traducción y edición de muchos de los libros que se necesitan en este complot. Un amigo cercano a Ciro Bustos.
*www.other-news.info/.../che-was-the-most-complete...*
21.10.2010 - Intervew with *Lucia Alvarez de Toledo*, author of the just-published THE ... My friend *Ciro Bustos*, who was the last of his surviving comrades to ...Ernestro Guevara Lynch-Alberto Grundo-Ciro Bustos-

Guerra Civil Española Generales-

Una nota de pie al establo de Cayetano Cordova Iturburu! Son sus conexiones los generales de la Guerra Civil Española '¡vengan de !?

Mira en 'Ernesto Che Guevara- de nuevo en la carretera de nuevo.' (OTRA VEZ) ISBN 0-8021 - 3942-6 y ver el centro "Che", junto a él Alberto Bayo.

Quién, Jon Lee Anderson afirma que es el general español que fue el entrenador en el campo con Fidel Castro. Otro Alberto Bayo debe ser visto junto al Che Guevara en Cuba- Capítulo 5-¿Por qué se han mezclado sus identidades?

1

2

Ernesto “Che” Guevara y la guerra civil española. - Kaos
*2014.kaosenlared.net/.../80432-ernesto-“che”-gueva...*
10.02.2014 - En ese año estalla una huelga *general*, en apoyo de los trabajadores de la .... Entre los militares llega en 1940 *Enrique Jurado Barrio*.
(La segunda foto es de la dirección anterior.)

Si Katy Jurado estaba actuando como madre de Che, es probable que uno de sus hermanos tomara el papel de Che Guevara; Esta fue la idea con la que empecé. Se dice de la madre de Katy que era un cantante, 'Voz de América Latina'. En la estación de radio XEW-AM-Emilio Azacarrage Vidaurreta- hay tanto escrito sobre sus artistas, pregunto por qué no puedo encontrar ni siquiera su nombre artístico.

Emilio Azacarrage Vidaurreta fue el fundador de XEW-AM y pasó a dirigir las estaciones de televisión.

Emilio Azacarrage Vidaurreta- El tío de Belisario de Jesús García-Katy Jurado.

**Emilio Azcárraga Vidaurreta - Wikipedia, the free ...**
*https://en.wikipedia.org/.../**Emilio_Azcárraga_Vidau**...*
*Emilio Azcárraga Vidaurreta* (2 March 1895, Tampico, Tamaulipas - 23 September 1972, Mexico City) Era un hombre de negocios mexicano, hijo de ... Emilio Azcárraga Vidaurreta como fundador de la radio XEW trabajó con Belisario de Jesús García; Dijo ser el tío de Katy Jurado - el hermano de su madre.

(Sin olvidar a Emilio Portes Gill, el primo de Katy Jurado, fue uno de los principales políticos mexicanos y fue presidente durante dos años).

**RECORDANDO A LA GRAN ACTRIZ KATY... - Actores Del ...**
*https://www.facebook.com/.../721346127979970:0*
Su tío, hermano de su madre, era el compositor y músico *Belisario de Jesús García*, que era compadre de don *Emilio Azcárraga*, el fundador de la XEW radio y ..
Coronel del ejército constitucional, poeta y prolífico compositor, nació el 14 de noviembre de 1892 en Montemorelos Nuevo León, y falleció el 31 de agosto de 1952 en la Ciudad de México, de 1908 a

1910 comienza su carrera musical, hijo de Don Juan B. García Galván y la Sra. Irene de la Garza García.

El tío de Katy Jurado, hermano de su madre, fue el compositor y músico Belisario de Jesús García, amigo de Don Emilio Azcarraga, fundador de la radio XEW y más tarde de la cadena de televisión mexicana Televisa. Como hermosa adolescente, Katy pronto interesó a productores y cineastas, que vinieron a hacer tratos para debutar como actriz, pero sus padres nunca dieron su consentimiento. Uno de ellos fue el famoso director Emilio "El Indio" Fernández, que le ofreció un papel en la Isla de la Pasión (1941), una película con la que debutó para un director, su padrino y actor Pedro Armendáriz. Como Katy sólo tenía quince años, no se le permitió actuar en ella. En 1943 se le ofreció otro papel en la película Shall Not Kill (Chano Urueta)

**Emilio Azacarrage Vidaurreta-**

**Emilio Azcárraga Vidaurreta - Wikipedia, la enciclopedia libre**

*https://es.wikipedia.org/.../**Emilio_Azcárraga_Vidau**...*

*Emilio Azcárraga Vidaurreta* (Tampico, Tamaulipas, 2 de marzo de 1895 - Houston, Texas, 23 de septiembre de 1972) fue un empresario mexicano, magnate ...

Inicios - Telesistema Mexicano - Muerte y Fundación de Televisa

Look into XEW's history. XEW-AM

Su historia es interesante, así como los nombres de los implicados y su punto de vista político.

"El Estado mexicano había mostrado claros signos de interés político que representaban el desarrollo de la televisión y la radiodifusión. A principios del siglo XX, tanto la prensa escrita como la radio fueron monitoreadas y censuradas por diversos mecanismos institucionales y extrajudiciales, como la Ley de Prensa de 1917, que era puramente represiva y aún válida. Fue para evitar, a través de diversos mecanismos, instrumentos utilizados para luchar por el poder político. La segunda, la prohibición de radio se mantuvo durante varias décadas, para difundir contenidos de carácter político. La acumulación de beneficios de contrapartida estatal habilitante de empresarios y automóviles evidentemente sin ninguna limitación. Se desarrolló paralelamente a la decisión un sistema presidencial prácticamente consolidado combinado con el control político a través del partido gobernante hegemónico, desde el Partido Revolucionario Nacional (PNR) hasta el Partido de la Revolución Mexicana (PRM) hasta el Partido Revolucionario Institucional (PRI) Televisión y radio que encajaría con los objetivos y objetivos del nuevo sistema político posrevolucionario. La radio, supuestamente limitada suplantó al periódico como instrumento de crítica y vigilancia contra gobiernos formados a partir de la Colonia, la Independencia y la Reforma, contribuyó a apuntalar al gobierno emanado de la Revolución apoyado por un modelo de negocios que casi los ganó y trasplantó a EEUU. Emilio Azcarrage Vidaurreta, dueño del XEW, aprendió, antes de la consolidación de la industria, el valor de combinar la estrategia de asociación, subordinación, presiones de presión política e inversión económica, fue la figura más visible que lideró el enorme éxito de la radio no sólo económicamente. '

La estación tenía un horario de entretenimiento, donde desfilaron figuras como

- Emilio Tuero , Juan Arvizu , Luis Arcaraz , Nicholas Urcelay , José Mojica , Alfonso Ortiz Tirado , Tito Guízar , Los Panchos , Maria Luisa Landin , Maria Victoria , Panzón Panseco , Los Cuates Castilla , Mario Moreno Cantinflas , Germán Valdés "Tin Tan" , Agustin Lara , Tona la Negra , Angelines Fernández , Angel Garasa , Carmen Rey , Pedro Infante , Jorge Negrete , Pedro Vargas , Jose Alfredo Jimenez , Fernando Fernández "The Crooner of Mexico" , Gustavo Adolfo Palma of Guatemala , Luis Aguilar , Eulalio González "Piporro" , Antonio Aguilar , Francisco Gabilondo Soler 'Cri-Cri " , Chip and Capulina , The Three Aces , the three diamonds , Hugo Avendaño , Amparo Montes , Hector Martinez Serrano , Juan "El Gallo" Calderon , Paco Stanley and other artists. It was directed by Jaime Almeida, Ricardo Rocha and Daniel Moreno.

---

Al no poder encontrar nada sobre mi abuela, llegué a la conclusión de que no existía.

¿Quiénes eran los padrinos de Katy? Dependiendo de qué llagas de información que está leyendo dos nombres aparecen.
Los nombres de Pedro Armendariz y Jorge Negrete son nombrados padrinos.
Pedro Armendariz- trajo a Katy Jurado a actuar en su primera película como era su padrino.

**Katy Jurado - Wikipedia, la enciclopedia libre**
*https://es.wikipedia.org/wiki/**Katy_Jurado***
*Katy Jurado* (Guadalajara, Jalisco, México; 16 de enero de 1924 .... En 1953 protagonizó El bruto, de Luis Buñuel, junto a *Pedro Armendáriz*, por la que recibió ...
(Nota el nombre de Luis Buñuel, apunta un dedo en la conexión de Anna Magnaini-Itily.)

**EL BRUTO Program Notes - Austin Film Society**
*www.austinfilm.org/page.aspx?pid=2904*
The woman who would become known to the world as *Katy Jurado* was born .... including the very macho *Pedro Armendáriz* (**who had been Katy's *godfather* ...**
Jorge Negrete- another Godfather.

**Katy Jurado - Biography - IMDb**
*www.imdb.com/name/nm0432827/bio*

*Katy Jurado* was born María Cristina Estela Marcela Jurado García into a wealthy ... When movie star *Emilio* Fernandez discovered Katy at the age of 16 and .... Mexican film star and singer Jorge Negrete was her *godfather* at her quinceañera.

**México en el Oscar: Katy Jurado, estrella internacional**

*sitioexpresodemedianoche.blogspot.com/.../el-debut...*
16.01.2011 - Su tío, hermano de su madre, era el compositor y músico Belisario de Jesús García, que era compadre de don *Emilio Azcárraga*, el fundador .

---

The name of Katy Jurado's first husband must be menchioned at this point-
**Victor Velazquez**- an actor and a writer, a singer, a lawyer.

---

**Ernesto Guevara Lynch-**

**Ernesto Guevara Lynch, quien interpretó al padre de Che Guevara. Presidió el comité de republicanos, dio conferencias y conciertos con Cuarteto Aguilat. Luis Aguila era miembro de este grupo, trabajaba con Agustín Lara: con quien se suponía que la madre de Katy Jurado había cantado en la radio XEW.**

**Katy Jurado - Buscabiografías**

*www.buscabiografias.com/.../6185/**Katy%20Jurado***
*Katy Jurado* María Cristina Jurado García Actriz mexicana Nació el 16 de ... Casada con el escritor *Víctor Velázquez* para sustraerse a la jurisdicción familiar.

---

Con todos los nombres anteriores me tropiezo con otro nombre: Barnabe Jurado.
Fue cuando estaba buscando un rostro de mi abuela.

## Capítulo Veinticinco.
## Katy Jurado - Familia.

El nombre de Katy en su totalidad- Marica Cristina Estela Marcella Gacia de la Garzia. Chale Nafus nos dice en las notas del programa para EL Bruto. Chale Nafus, fue director de Programación en la Austin Film Society.

Lo que realmente quiero es averiguar sobre los dos hermanos de Katy. Pero en este momento no puedo averiguar mucho; Sólo lo que una Wikipedia o Chale Nafus ofrece. Hay dos puntos interesantes Chale Nufus tiene que decir. Katy Jurado no estaba contenta con su piel de oliva y sus miradas oscuras, sus hermanos debían ser envidiados por sus hermosas espinillas, ojos verdes / azules. La observación que más me gustó fue; Los hombres de su familia tenían títulos de Abogado.

Los resultados de mi investigación-
Padre-Luis Jurado Ochoa.
No se encontró nada sobre él.
Hermanos Luis Raúl.
No se ha encontrado nada sobre él.
Oscar Sergio .--- No se encontró nada sobre él.
Madre- Vicenta Estela García de la Garza. -
No se encontró nada sobre ella.
(Como se decía que esta dama era una cantante, pensé que sería fácil encontrarla pero ... Ella cantó para la emisora de radio en México XEW (Ella pudo haber tenido un nombre artístico).

Esta cantante con esta reputación no tiene nada escrito sobre ella, aparte de, ella era la supuesta madre de Katy Jurado.

Padrino Pedro Armeadariz,
Era un actor mexicano. No es un pez pequeño en¡ese! Y su esposa era la actriz Camelita.
(Hay más padrinos por venir!)

Padrino Jorge Negrate era un actor mexicano que
Fundó el Sindicato de la Producción Cinematográfica en México y la Asociación Nacional de Actores.

Primer marido, Víctor Velasquez, actor y abogado.

Tío Belisario de Jesús García de la Garza.
En el ejército y un músico de renombre.
Madre- Irene de la Garza García.
Padre Juan B. García Galvin.

Primo - Emilio Portes Gil.
¡Es una adición interesante! Él era
Presidente de México entre 1928 y 1930.
Promovió a artistas mexicanos, enviándolos
En viajes de promoción al extranjero.
Se casó con Carman García González Terán.

Hay dos fotos para mostrar una semejanza familiar entre el tío Belisario de Jesús García de la Garza y el primo Emilio Portes Gil.

Belisario de Jesús García es.wikipedia.org
Emilio Portes Gil britannica.com

In the internet program.
**Joaquín Ortega Arenas Escribe y Se Pronuncia: octubre 2012**
*joaquinortegaarenas.blogspot.com/2012_10_01_arc*
...
28.10.2012 - Con una corta escolta de Cadetes del Colegio *Militar* pudo llegar hasta la ... Un interinato, *Emilio Portes Gil*, y un Presidente impuesto, que tal vez ..... "Morir por tu amor" del Maestro *Belisario* de *Jesús García*, que tocaba con ...

Hay una interesante historia relatada por un testigo ocular:

Alvaro Obregón ganó las elecciones en julio de 1928 sin oponentes. (Era el actual presidente mexicano.) Alvaro Obregón Salido y Cenobia Salido hija de billonaire José María Salido fueron asesinados cuando se dispararon más de veinte balas en un restaurante 'Bulb' San Angel. Mientras la Orquesta tocaba.

El director de la Orquesta Alfonso Esparza Otet contó cómo ocurrió el asesinato.

"Yo estaba tocando un vals 'Dying for your love' (Belisario de Jesús García) Belisario de Jesús García que estaba tocando con nosotros el primer violín cuando el asistente general se me acercó y me dijo que quería escuchar 'Limoncito «Me detengo a morir por amor»,

Que terriblemente molesto Belisario de Jesús García, dejó de jugar a buscar su caso de violín.

Habíamos tocado unos cuantos acordes cuando estallaron los disparos: el asesino acababa de disparar tres o cuatro veces. Mira hombre que estaba en la revolución, esto fue un tiroteo, yo a través de mí en el suelo. Por cierto, Belisario de Jesús García también cayó al suelo. Una vez que el tiroteo se detuvo salió del restaurante que llevaba la caja vacía del violín. El violín se perdió y tuve que reemplazarlo ".

Belisario de Jesús García fue un músico de renombre, así como activo en el ejército mexicano. Padrino-Pedro Armeadariz- además de ser actor y padrino de Katy, hizo muchos cereales para la estación de radio XEW.

**Radio, Music, and Gender in Greater Mexico, 1923-1946**

*etd.lib.msu.edu/islandora/object/etd%3A305/datastream/OBJ/view*

This dissertation studies the early *history* of radio in *Mexico* by analyzing the complex ...... *Mexican* scholars, Julia Tuñón and *Carmen* Ramos Escandón, .... and U.S. born Mexicans in the United States, like Pedro J. *González* and Lydia Mendoza, ...... During the transfer of power in *Mexico* from *Emilio Portes Gil* to Pascual.

Este programa explica cómo la radio y el cine fueron parte de la vida cotidiana en los tiempos cambiantes en México. Los papeles de las mujeres estaban cambiando en los años treinta. Pero lo que es realmente interesante es Emilio Portes Gil papel activo en el apoyo a las artes!

El presidente mexicano Emilio Portes Gil brindó apoyo económico y moral al grupo musical Los Trovadores Tamaulitpecos. Ellos fueron a Nueva York-

El gobierno mexicano invirtió en viajes de ultramar de artistas intérpretes o ejecutantes y se interesó en ver quién cumplía con los proyectos culturales del gobierno posrevolucionario. ¡Fueron enviados como embajadores de buena voluntad!

La otra observación que me parece interesante es:

Este fue el caso de la orquesta de Miguel Lerdo de Tejada que durante una gira por los Estados Unidos se observó que "cumplieron hábilmente su misión".

Ángel Agustín María Carlos Fausto Mariano Alfonso del Sagrado Corazón de Jesús Lara y Aguirre del Pino para darle su nombre completo, se decía que había cantado con la madre de Katy.

Agustín Lara se benefició del apoyo gubernamental de Emilio Portes Gil, le pidió ayuda económica al cónsul mexicano en San Antonio, Eduardo Hernández Chazaro. Su compañía estaba de gira. (Haciendo Labor pro-Patria.) - trabajo de conducción para la patria.

¡Palabras extrañas !? No si usted está intentando conectar acontecimientos y estado de donde Katy Jurado vino.

## Capítulo veintiséis
## El rompecabezas de la mafia
## Franklin Jurado- Jose Santacruz Londres

Del capítulo cinco aparecen dos nombres para un hombre.

Encontré el nombre Franklin Jurado en un artículo escrito por Clair Sterling sobre él. ¡Simplemente resulta ser un poderoso miembro de la Mafia! Tan poderoso que también tuvo el nombre de José Santacruz Londono, con este nombre lideró la mafia colombiana.

Con el nombre de Franklin Jurado, se dice que era profesor de economía, educado en Harvard.

¡Mira lo que dice la Wikipedia de Joseph P Kennedy sobre Franklin Jurado!

Joseph P. Kennedy – Wikipedia Joseph Kennedy (etwa 1914)

"Joseph Kennedy lo que ya se conoce en tiempo hizo para la transferencia de los beneficios adquiridos ilegalmente del negocio del alcohol en inversiones legales -. Es decir, para el lavado de dinero Las industrias seleccionadas por él (mercado de valores, la industria del cine y de bienes raíces más adelante) fueron, como en la actualidad, casi predestinado para el lavado de dinero. el enfoque de Kennedy, que coopere primer lugar con otros inversores para iniciar una mezcla diversificada de diferentes fuentes de dinero, en segundo lugar, utilizar la menor cantidad de capital como sea

posible, y, en tercer lugar, para modificar rápida y extensamente dentro de las inversiones adquiridas ( por ejemplo, fusión, venta parcial, renovación) con el fin de repelerlos con beneficios muy altos en un tiempo muy corto se corresponde de manera clásica a la primera etapa del modelo de lavado de dinero, que lo acuñado por la Universidad de Harvard estudió, economista colombiano y ex dinero lavador del cartel de Cali, José Franklin Jurado Rodríguez ,, Y lo cierto que no Descrito como una "etapa Kennedification" por esta organización ".
Joseph P. Kennedy otros asociados de la mafia eran hombres como Frank Santra, Meyer Lansky, Lucky Luciano, sólo para nombrar unos pocos.
Joseph P. Kennedy lo que el padre de J F Kennedy

John S. Siffert - LawCitations.com
www.lawcitations.com/case/n/john-s-siffert - Diese Seite übersetzen
John S. Siffert, Asst. U. S. Atty., Southern District of New York, New York City ... Herbert Jordan, New York City (Rabinowitz, Boudin & Standard, New York City, ..... Jose Franklin JURADO-RODRIGUEZ and Edgar Alberto Garcia-Montilla, ...

7. Franklin Jurado businesspundit.com
<u>The washing cycle - Australian Federal Police</u>
<u>*www.afp.gov.au/media-centre/.../1998/.../washing*</u>

Franklin Jurado

O es su nombre José Santa Cruz Londoño? Si no son la misma persona ¿por qué llevan los mismos paños? Fueron las fotografías tomadas en el mismo día?

Jose Santacruz Londoño

**Cali-Kartell – Wikipedia**

*de.wikipedia.org/wiki/**Cali**-Kartell* Das *Cali*-Kartell (span. *Cartel* de *Cali*) era una fusión de varios productores colombianos de la cocaína y contrabandistas en la ciudad de Cali.

José Santacruz Londono: No. 3 of Cali Drug Cartel in Colombia rjgeib.com

Este hombre no es conocido por ser un buen tipo.

**offensive contre le cartel de cali don chepe:le boss de jurado**

*archives.lesoir.be/offensive-contre-le-cartel-de-cali-don-chepe-le-...*

09.01.1993 - ... le 22 juillet dernier du chef du cartel de Medellin, *Pablo Escobar*. ... à ce numéro qu'Edgar Garcia et *Franklin Jurado*, les deux blanchisseurs ...

Una vez establecida, dass die por encima de ti es una y la misma la conexión a Gabriel García Marques se hace más clara. José Santa Cruz Londoño, que uno de los tres grandes jefes de la mafia colombiana con

Gilberto José Rodríguez Orejuela y Miguel Rodríguez Orejuela. Ellos son hermanos! No es de extrañar que estaba confundido acerca de sus similares lío.

Claudia Pilar Rodriguez

Tochter von Gilberto Rodríguez Orejuela

**Eltern:** Gilberto Rodríguez Orejuela

**Cousin / Cousine:** William Rodríguez Abadía

**Onkel:** Miguel Rodríguez Orejuela, José Santacruz Londoño

Wird auch oft gesucht

Gilberto Rodríguez Orejuela
Vater

José Santacruz Londoño
Onkel

Phanor Arizabalet...

Miguel Rodríguez Orejuela
Onkel

El centro de Gabriel Garcia Marques es la Ciudad de México. Los mencionados Barones de Drogas utilizaron el Palacio de Bellas Artes para tratar asuntos; No una sorpresa ya que sus abogados tenían sus oficinas allí. (Capítulo 26, Palacio de Bellas Artes y capítulo 27 Barnabé Jurado, explicará la conexión de Bugsy Sigel, si Franklin Jurado está relacionado con Barnabé Jurado, no he podido averiguarlo en este momento).

Esta dirección confirma esto y más.

EL ESPECTADOR

Sábado 18 De Marzo, Última Actualización: 1:00 Am

Los capos del cartel de Cali | ELESPECTADOR.COM El Espectador984 × 655Bildersuche

Pacho Herrera, Gilberto Rodríguez Orejuela, Miguel Rodríguez Orejuela y José Santacruz Londoño fueron los

"A pocos pasos del Capitolio Nacional, en el Centro Cultural Gabriel García Márquez, se les llamó a los líderes políticos más comentados que tratarán de hacerles contrarrestar esas dos opciones: las senadoras Claudia López, Antonio Navarro y Jorge Enrique Robledo; La Ministra de Trabajo, Clara López; El ex Gobernador de Antioquia Sergio Fajardo; La senadora Piedad Córdoba y el ex alcalde de Bogotá Gustavo Petro ".

**1 - Bibliothèque et Archives Canada**

*www.collectionscanada.gc.ca/obj/s4/f2/dsk2/ftp02/NQ57623.pdf*

von A Schulte-Bockholt - 2000 -

'El fallecido Pablo Escobar Gavina se reparte para compartir esta actitud como lo creía ...... exclusión Los hermanos Rodríguez Orejuela y el fallecido José Santacruz ...... Los narcotraficantes bolivianos y

coorganizados por Klaus Barbie. Un intemationally buscado ...
"Había pasado cartas de Pablo Escobar a Fidel Castro y Raúl Castro de Gabriel García Márquez declaró a Popeye uno de los hombres de Pablo Escobar.

**Plata o plomo | Kokain | Juni 1995 | NZZ Folio** ***folio.nzz.ch/1995/juni/plata-o-plomo***
Jefe del cartel de Pablo Escobar llegó a la Cámara de Representantes y se llevó el ... por José Santa Cruz Londoño y otros cuatro jefes de la "Capital de la .... Y Gabriel García Márquez" exigió "por los químicos en desarrollo ...
(Pablo Escobar hizo en la Cámara de Representantes y se aprovechó de ... de José Santa Cruz Londoño y otros cuatro jefes de la "capital de la ..." Y Gabriel García Márquez "necesario" el desarrollo por el químico .. .)

"Yo estaba en México que lleva una carta al Premio Nobel de Raúl y Fidel Castro; un manuscrito de Escobar ", dijo Popeye.
"Cuando me bajé del avión a la policía mexicana estaban esperando para mí y me llevó a donde 'Gabo' estaba firmando autógrafos", continuó, los informes de Colombia gemäß. "Me llamó aparte y le dijo, 'Popeye, ¿dónde está la carta?" Y yo se lo dio a él. " En el mensaje, dijo Popeye Todo Noticias, "Pablo Escobar lo que Fidel pidiendo un submarino ruso

para llevar la droga de México a La Habana, y con este submarino, a Miami."

(Fernando Gutiérrez Barrios, el jefe de la policía mexicana, lo que haya trabajado con Carlos Delmar Jurado en la conspiración con Lee Harvey Oswald.) Nosotros parecemos flutering alrededor de los Kennedy.

**Pablo Escobar's top hit man: Gabriel Garcia Marquez worked with El ...**

*www.businessinsider.com/pablo-escobar-gabriel-garcia-marquez*

15/10/2015 - top sicario de Pablo Escobar afirma icono literario de Gabriel García Márquez trabajó con el Patrón ... Gabriel García Márquez, novelista y periodista colombiano, es una figura venerada en América ... Jose Goitia / Associated Press.

El Carnicero y el Patrón: La conexión oculta entre Pablo Escobar y ...

Oxígeno Digital640 × 427Bildersuche

El Carnicero y el Patrón: La conexión oculta entre Pablo Escobar y Klaus Barbie
(Esto explica por qué, por tanto, se puede encontrar la influencia Klaus Barbie y la letra de Che bajo el nombre de Luiz Renato Almeida Pires en 1968 Teoponte) (Los EspIas C.I.A mentiras
El terroristas Che Guevara.)

**1 - Bibliothèque et Archives Canada**
*www.collectionscanada.gc.ca/obj/s4/f2/dsk2/ftp02/NQ57623.pdf*
von A Schulte-Bockholt - 2000 -
'El Pablo Escobar Gavina seerns compartir esta actitud como él beiieved hey ...... exclusión de los hermanos Rodríguez Orejuela y el fallecido José Santa Cruz ...... traficantes de droga boliviana y coorganizado por Klaus Barbie. al buscado internacionalmente ...

Todos los hombres de síntesis están luchando por el control de las drogas? Lo que un embrollo.

**Plata o plomo | Kokain | Juni 1995 | NZZ Folio**
*folio.nzz.ch/1995/juni/plata-o-plomo*
Jefe del cartel de Pablo Escobar llegó a la Cámara de Representantes y se llevó el ... por José Santa Cruz Londoño y otros cuatro jefes de la "Capital de la .... Y Gabriel García Márquez" exigió "por los químicos en desarrollo ...
"Sin embargo, sobre la legalización internacional no se destacan, por lo que no se espera que la

desaparición del poder de los carteles. Colombianos prudentes, POR LO TANTO, se aferran a la esperanza lo hizo la demanda se está desplazando a otras drogas que se producen en otros lugares y distribuidos por otros comerciantes. Y Gabriel García Márquez "demandas" El químico para desarrollar métodos baratos para la producción de cocaína sintética directamente en los mercados de venta así hacían sus compatriotas ya no necesitan este negocio. Hay, sin embargo, un precedente: A finales de la década de 1970, Colombia, que temporalmente el principal proveedor de los EE.UU. de la marihuana - hasta que se dispusiera, las semillas mucho más potente con el clima más estadounidenses cannabis aptas para el cultivo doméstico. Los colombianos fueron expulsados de la noche de negocios - pero tomaron rápidamente de nuevo con la cocaína ".

De modo que tenemos de nuevo! El pequeño hombre en la esquina Gabriel García Marques; sólo que esta vez se está sentando en el medio, entre los que se oponen amargas en la mafia colombiana, en la Ciudad de México, que es la clave para la conexión del mundo del espectáculo. Su trono está en el Palacio de Bellas Artes.

**thieves' world - The Unmasking of Maine....and Beyond**

*https://unmasker4maine.files.wordpress.com/.../thieves-world-the-threat-of-the-new-glob...*

Por encima de todo, Claire Sterling describe el gran cambio de la atención penal en el mundo para ...... Jurado había estado trabajando todo el Continente Cuando la DEA lo recogió ...... accidente del Franklin National Bank de Sindona en Nueva York lo que el más grande en.

## Capítulo 27
## Palacio de Bellas Artes- Raíces de la Mafia

Mirando la historia de Wikipedia del Palaico de Arts es difícil de definir cuando fue utilizado como Hotel, es mucho más. Fue donde Barnabe Jurado conoció a William S Burroughs, el mismo lugar donde William S. Burroughs le disparó a su amiga Joan Vollmer.

Y en el Palacio de Bellas Artes, Mario Varga Llosa perforó a Gabriel García Márquez en el ojo; El famoso ojo negro se puede ver en Internet.

El abogado Barnabe Jurado utilizado fue el mismo abogado que Bugsy Siegel, José Vasconcelos. José Vasconcelos fue abogado de los principales miembros de la mafia.

Las conexiones de Bugsy Siegel son de gran interés ya que su amiga fue la actriz de cine Jean Harlow; Se casó con la estrella de cine Virginia Hill. Bugsy Siegel había convertido el Palacio de Bellas Artes en su casa, al igual que Gabriel García Márquez.

Bugsy Siegel fue el fundador de los primeros casinos en Las Vegas.

La siguiente dirección explica que José Vasconcelos tenía su oficina en el Palacio de Bellas Artes! Su oficina y las conexiones de Barnabe Jurado y Mafia.

Prensa rosa, amarilla, de rojillos y rojetes – El Heraldo de ...
elheraldoslp.com.mx/.../prensa-rosa-amarilla-de-roji...
26.06.2015 - Salvó al astuto penalista Bernabé Jurado acusado de posesión de ... del Hotel Flamingo's?, propiedad de Bugsy Siegel, uno de los mafiosos ...
La asociación entre Gabriel García Márquez y Bugsy Siegel y el narcotraficante Pablo Escobar debió de estar muy cerca de que Gabriel García Márquez escribiera el libro "Noticias de un secuestro". Pablo Escobar tenía diez personas secuestradas para evitar que lo llevaran a Norteamérica por drogas Cargos Pablo Escobar fue invitado al Palacio de Bellas Artes cuando hizo de Ciudad de México su ciudad natal.
**Pablo Escobar - CrimeTV**
*www.crimetv.com/page/people/mobsters/pablo.../89...*
*Bugsy Siegel ..... Gabriel García Márquez*' book, News of a Kidnapping, details the series of abductions that Escobar masterminded to pressure the then ...

10 Good Cities With Bad Reputations : TripHobo Travel Blog
www.triphobo.com/.../best-cities-of-the-world-with-
14.09.2015 - ... at the Palacio de Bellas Artes, or Frida Kahlo's works at her former home. ... The city Es la antigua ciudad natal del jefe de drogas Pablo Escobar.)
Bugsy Siegel - Wikipedia, la enciclopedia libre
Https://en.wikipedia.org/wiki/Bugsy_Siegel
Benjamin "Bugsy" Siegel (28 de febrero de 1906 - 20 de junio de 1947) era un mafioso judío estadounidense. Siegel viajó a Las Vegas, Nevada, donde manejó y financió algunos de los casinos originales y ayudó al desarrollador William Wilkerson Flamingo Hotel después de que Wilkerson se quedó sin fondos. El proyecto y la gestión de las etapas finales de la construcción.El Flamingo abrió sus puertas el 26 de diciembre de 1946.

Se suponía que la madre de Katy Jurado había cantado en el Palacio de Bellas Artes. Pero no puedo encontrar una foto de ella en cualquier lugar ni puedo encontrar ninguna otra información sobre ella!
Katy Jurado como Claire Sterling habría sabido de las conexiones de la mafia.
En cuanto a Anna Magnani! El Palacio de Bellas Artes fue donde se exhibieron sus zapatos.

El Universal - Estilos - Los zapatos tienen su historia
Www.eluniversal.com.mx/estilos/47971.html
25.03.2006 - El Palacio de Bellas Artes exhibe 80 piezas de colección creadas por ... estrellas del cine estadounidense y europeo, como Anna Magnani.

(El Palacio de Bellas Artes muestra 80 piezas de colección creadas por ... estrellas del cine americano y europeo, como Anna Magnani.)

Las siguientes direcciones muestran el conocimiento de Clair Sterling de las actividades de la mafia.

**War and State Terrorism: The United States, Japan, and the ...**
*https://books.google.de/books?isbn=0742523918* - Mark Selden, Alvin Y. So - 2004 - History
... in San Francisco, who in turn would meet with *Bugsy Siegel's* mistress, Virginia Hill. ... *Claire Sterling* estimated in 1994 that the "Triads were bringing in ...

**Lucky Luciano – Wikipedia, wolna encyklopedia**
*https://pl.wikipedia.org/wiki/Lucky_Luciano*
W 1957 roku *Claire Sterling*, dziennikarka (nieistniejącego już) magazynu „The ... Później w szpitalu miał odwiedzić go "*Bugsy*" *Siegel*, który widząc stan ...

**La Cosa Nostra – Wikipedia**
*https://de.wikipedia.org/wiki/La_Cosa_Nostra*

1940 ging *Bugsy Siegel* im Auftrag der New Yorker Familien nach Los Angeles, .... Juni 1947 wurde „*Bugsy*" *Siegel*, der in Las Vegas das Casino-Hotel ..... Hochspringen ↑ siehe Stille 1997, S. 134; Hochspringen ↑ *Claire Sterling*: Die Mafia.

**Fernando Gutierrez Barrios**- Mexico secrete Policía y Fernando Gutiérrez Barrios fue un prominente y polémico político mexicano afiliado al Partido Revolucionario Institucional (PRI). Fue jefe de la Policía Secreta de la Dirección Federal de Seguridad en medio de la guerra sucia (1964-1970), fue gobernador de Veracruz (1986 - 1988) y Secretario del Interior en el gabinete del presidente Carlos Salinas de Gortari .
Esto le dio derecho a tener concierto dedicado a él en el Palacio de Bellas Artes-

**Carlos Delmar Jurado** estudió en la Ciudad de México en la Escuela Nacional de Pintura, Escultura y Grabado. Y ha expuesto en el. Palacio de Bellas Artes

Breve cronología de la fotografía - Criminalistica.mx
www.criminalistica.com.mx/.../280-breve-cronolog...
1963 El Palacio de Bellas Artes es escenario de la exposición de Arno ... Se publica El arte de la aprehensión de las imágenes y el unicornio, de Carlos Jurado ...

https://es.wikipedia.org/wiki/Abelardo_L._Rodrígue z

Abelardo L Rodríguez, presidente mexicano, era dueño de la tierra que sintonizaría Las Vagus. Usted se estará preguntando por qué empiezo con este presidente mexicano cuando quiero explicar las raíces de la mafia en esto. La siguiente declaración es que envió en 1929 a Emilio Portes Gil en el extranjero para estudiar las técnicas de aviación e industria que estaban en la vanguardia de la época. La razón por la que hizo esto fue la necesidad de transportar las drogas que se cultivaban en los campos de Sinaloa. Su gobierno era conocido por construir campos de aire, no por carreteras.

Tres hombres no podían ser derribados por sus tratos, sus nombres eran Juan Felipe Rico y Alberto V Aldiete, Abelardo L Rodríguez. Su abogado era Barnabe Jurado. (Barnabe Jurado, tercera parte).

Las drogas fueron exportadas a los americanos; Como los americanos se enfrentaron a los nazis y los japoneses.

**Abelardo L. Rodríguez, 'Embajador de la mafia', dice History ...**

*www.lacronica.com/.../843234-**Abelardo-L-Rodrigu**...*

20.05.2014 - *Abelardo L. Rodríguez*, fue gobernador de Baja California y presidente ... BC se retratan también los personajes de *Bugsy Siegel*, Virginia

Hill y Meyer ... del territorio Norte de Baja California y presidente interino de *México*.

**Narcotráfico y sus orígenes criminales en Latinoamérica**
*www.perfil.com/.../Narcotrafico-y-sus-origenes-cri...*
17.05.2014 - La historia de *Abelardo L. Rodríguez*, *Bugsy Siegel*, Virginia Hill y Meyer ... gobernador de Baja California y, finalmente, presidente de *México*.
**ABELARDO L. RODRIGUEZ, EX PDTE. DE MÉXICO Y EX ...**
*enlaceinformativo.net/nota.php?id_not=22338*
18.05.2014 - DE *MÉXICO* Y EX GOBERNADOR DE B.C. SEÑALADO COMO JEFE ... *Bugsy Siegel*, *Abelardo Rodriguez*, Virginia Hill, y Meyer Lansky son ...

Desde la dirección anterior 'puedes ver a los miembros de los nombres de la Mafia.
Shenk Agua Caliente se convirtió en presidente de Twentieth Century Fox; Fue sometido a juicio como otros pandilleros de la época y fue encarcelado hasta que el presidente de Estados Unidos Harry Truman le perdonó, así como otros mafiosos. Él inmortalizó las películas del gángster: Lucky Luciano, Meyer Lansky y Frank Costello. Bugsy Siegel esposa de la estrella de cine Virginia Hill fue parte de esto. Tanto Bugsy Siegel como Lucky Luciano eran clientes de José Vasconcelos y Barnabe Jurado.

(Capítulo cinco para otro miembro de la mafia, Frank Jurado).

Leyendo la Wikipedia de Meyer Lansky puedes sentir el clima cambiante en Cuba.
Meyer Lansky era el contador de las turbas y Santo Trafficante cubrió sus apuestas cuando Fulgencio Batista parecía como si fuera lanzado por Fidel Castro. ¡**Santo Trafficante proporcionó dinero y armas para la revolución cubana**!

Se ha dicho que Fidel Castro expulsó a Santo Trafficante de Cuba.
En mi opinión, si esto fuera cierto, Fidel Castro habría salvado una ejecución de la mafia, no lo ha hecho.

CIA y Kennedy.

**Meyer Lansky - Wikipedia, the free encyclopedia**
*https://en.wikipedia.org/wiki/Meyer_Lansky*
Lansky met *Bugsy Siegel* when they were teenagers. .... The 1959 Cuban revolution and the rise of *Fidel Castro* changed the climate for mob investment in Cuba ...
Early life - Gambling operations - War work - The Flamingo

**Mob Rules: What the Mafia Can Teach the Legitimate Businessman**
*https://books.google.de/books?isbn=1101515341* - Louis Ferrante - 2011 - Business & Economics

Meyer Lansky and *Bugsy Siegel*, two Jews credited with the vision of Las Vegas, ... Cuban revolutionary, *Fidel Castro*, with money and guns just in case Castro ...

Menciono nuevamente a José Vasconcelos porque tiene muy buenas razones para tener sus oficinas en el Palacio de Bellas Artes; A menudo se le veía con el entonces presidente Abelardo L. Rodríguez. Para usar su otro nombre nombre de bautizo, Eduardo Vasconcelos fue el Secretario de Educación Pública.

Para citar a su Wikipedia, Eduardo Vasconcelos fue un prominente político y abogado mexicano nacido en Oaxaca, miembro del Partido de la Revolución Institucional, ocupando varios cargos de importancia. Estudió en el Instituto de Ciencias y Artes de Oaxaca, se licenció en derecho por la Escuela Nacional de Jurisprudencia en 1907, presidió en 1909 el Ateneo de la Juventud, que fundó. Fue partidario de la Revolución Mexicana desde su creación y luego se convirtió en abogado en la Universidad Nacional Automotora de México. Fue nombrado co-director del diario El Antirreeleccionista.

Su Wikipedia también nos dice, él era un escritor. No pasear tiene sus oficinas en el Palacio de Bellas Artes.

El Palacio de Bellas Artes es donde se realizó la faunística de Gabriel García Márquez.

Tengo que añadir algo importante sobre Fernando Barrios Gutiérrez.

Sin olvidar que la Policía secreta Fernando Gutiérrez Barrios-México y Carlos Delmar Jurado trabajaron con él. ¡Fernando Gutiérrez Barrios, como jefe de la policía secreta de México, se decía que era el intermediario entre la CIA y Fidel Castro!
**Fernando Gutiérrez Barrios sacó a Fidel Castro de la cárcel para poder llevar el Granma a Cuba ..**
**Absuelto por la historia - Granma**
*www.granma.cu/granmad/secciones/fidel/*
*Ramón* Chao: Palabras en el tiempo, Argos Vergara, España, 1984, p. .... *Fernando Gutiérrez Barrios*: Diálogos con el hombre, Editorial Planeta, México, 1995, p. ... Gustarle al Papa y a Fidel el *Chan Chan* es como gustarle al mundo entero.

Fernando Barrios Gutiérrez fue el hombre al que se dijo que integró el contacto de Lee Harvey Oswald en el consulado cubano.
(Mi opinión es que alguien quería establecer un hombre como Lee Harvey Oswald estaba en la Ciudad de México. Extraño estamos de vuelta a la trama de asesinato de J F. Kennedy).

## Capítulo 28
## Pablo Escobar y Klaus Barbie.

Hubo un vínculo muy fuerte entre Pablo Escobar y Klaus Barbie. Esto puede confirmarse en muchos otros programas,

Pablo Escobar y Klaus Barbie fueron piezas claves para montar la «General ...
By Boris Miranda.

Pablo Escobar y Klaus Barbie fueron las figuras clave del movimiento de la cocaína. Sus pactos lideraron golpes de Estado, organización paramilitar anticomunista; Hicieron negocios con el Vaticano y otros traficantes de drogas en todo el mundo.

Santa Cruz, Ciudad de Panamá, Medellín y Miami fueron algunos de los lugares donde se dieron las escenas de esta conexión casi secreta; Se unieron a la antigua patena nazi, fue una de las alianzas más siniestras de las últimas décadas del siglo XX.

Klaus Barbie y el entonces joven Pablo Escobar controlaron casi el 90% de la producción y distribución de las drogas del mundo.

Recuerda que fue la CIA quien vio a Klaus Barbie acurrucada en Bolivia. El clérigo vaticano Krunoslav Draganovic se encargó de sus papeles de viaje.

Se dijo que Klaus Barbie ayudó en la captura del Che Guevara.
Vendió armas para financiar la guerra en Nicaragua, trabajó con Oliver North; Que tenían los mismos nombres de código que Che Guevara y Felix Rodríguez. Como se afirma en 'Ultimate Sacrifice' - por Lamar Waldron y Thom Hartmann.

**Noriega and the Drug Trade Database, Part II - Historical ...**
*historicaltextarchive.com/sections.php?action...*
Rondon is an OCHOA VASQUEZ frontman who appears as owner of La Guarani, .... minister following Wednesday's resignation of *Orlando Vasquez Velazquez*, who ...... of the military government with the help of fugitive Nazi *Klaus Barbie*.

Klaus Barbie organizó la reunión entre el general panameño Manuel Antonio Noriega y Pablo Escobar. Manuel Antonio Noriega también era un narcotraficante.
Gabriel Garcia Marquez fue amigo de Manuel Antonio Noriega

Klaus Barbie implicó los acontecimientos que rodeaban Teoponte; Donde se puede encontrar Ciro

Bustos / Che Guevara trabajando bajo otro nombre, después de la fiesta de la muerte. (Ver Espías-CIA-Mentiras-Terrorista-Che Guevara)

Klaus Barbie fue el padrino de Monika Ertl. Que a su vez traduce obras para Ciro Bustos / Che Guevara. (Ver Espías-CIA-Mentiras-Terrorista-Che Guevara)

Usted puede encontrar el nombre de Pablo Escobar conectado a Jorge Negrete uno de los padrinos de Katy Jurado y Victor Velázquez, el primer marido de Katy. Todo para su música folklórica. Bothe los nombres mencionados son también reconocidos como los mejores abogados. (Ver El Palacio de Bellas Artes.)

Cuando el cartel de Medellín-Pablo Escobar tuvo que mudarse de Bolivia, la conexión boliviano-colombiana se restableció en México y Brasil.

**José Santacruz Londono: No. 3 of Cali Drug Cartel in ...**
*www.rjgeib.com/heroes/unanue/**londono**.html*
The Violent End of *José Santacruz Londono*: ... Medellín fue el cuartel general del narcotraficante Pablo Escobar, cuyo cártel rivales luchó en una guerra ...

En el capítulo "¿Por qué se han mezclado sus identidades con otros?" Es evidente que José

Santacruz Londono otra identidad es Franklin Jurado. Como dice José Santacruz Londono, se le disparó en una carretera en la ciudad noroeste de Medellín. Esta ciudad era el centro de Pablo Escobar.

'10 Good Cities With Bad Reputations : TripHobo Travel Blog
www.triphobo.com/.../best-cities-of-the-world-with-...
14.09.2015 - ... at the Palacio de Bellas Artes, or Frida Kahlo's works at her former home. ... The city is the former hometown of drug kingpin Pablo Escobar.)

**Pablo Escobar - CrimeTV**
*www.crimetv.com/page/people/mobsters/pablo.../89...*
Bugsy Siegel ..... El libro de Gabriel García Márquez, News of a Kidnapping, detalla la serie de secuestros que Escobar planeó para presionar al entonces ...

La dirección anterior es para señalar la participación de Gabriel García Marques. ¡Sabía tanto que podía escribir un libro! «La noticia de un secuestro». Debían haber hablado cuando eran invitados al Palacio de Bellas Artes.

**Gabriel Garcia Marquez delivered drug letters from Pablo ...**
*colombiareports.com/**gabriel-garcia-marquez-**delive...*
02.10.2015 - Gabriel García Márquez entregó cartas de drogas de Pablo Escobar a ... contactos clave que entregarían información de tráfico de drogas por carta.

En esta dirección se afirma que Gabriel García Márquez fue la conexión entre todos ellos!

En el libro "El verdadero Pablo", el periodista colombiano Astrid Legard, el asesino y traficante de droga, John Jairo 'Popeye' Velázquez narra en detalle la relación entre Escobar y el presidente de Cuba, Fidel Castro y su hermano Raúl.

Juan Jairo 'Popeye' Velázquez dice, Escobar tenía deseos de ser guerrillero, por lo que su acercamiento con los cubanos no debería sorprender, pero se sorprendió por el papel del Premio Nobel Gabriel García Márquez, que trabajó como un "mensajero" dos lados.

No creo que ahora está mal decir que hay una verdadera historia de asociación entre gobiernos, narcotraficantes, criminales de guerra nazis y agentes de la CIA que se entrelazan con la mafia.

*Yo nunca habría encontrado nada de esto si no hubiera estado buscando un más lejos. Ni conocí al hombre que me dijo que Hans Ertl había dicho que*

*Che Guevara era un buen marido para Monika Ertl. Klaus Barbie era su padrino. El hombre que me dijo era el hijo de Klaus Barbie. (Ver Espías-CIA-Mentiras-Terrorista-Che Guevara)*

Michael Levine connection.

Pablo Escobar y Klaus Barbie fue pieza claves para montar la «General ...
Por Boris Miranda. Tenía algo más de interés que decir, esta vez sobre Michael Levine.
Michael Levine era un oficial secreto de la Administración de Lucha contra las Drogas de los EE.UU., DEA. Estaba en la Argentina, 1978-1982 desde allí logró engañar a los señores de la droga de Bolivia. Utilizó el nombre de Roberto Suárez. No debe confundirse con Roberto Suárez Gómez. Quien a su vez financió el golpe militar que instaló una dictadura en 1980, en la que Luis García Meza sería presidente y el primo de Suárez, Luis Arce Gómez, era ministro del Interior, por lo que recibió protección política para su empresa.

Michael Levine fue uno de los agentes secretos más importantes de su década. Consiguió incriminar a los grandes del cártel de la droga. ¡Pero! Su gobierno se sentó en los casos, liberando a los detenidos.

Michael Levine afirma que la CIA fue instrumental en la fabricación del motor general del mundo de la cocaína. Esto se afirma en el primer párrafo de su Wikipedia.

"La gran mentira blanca: la operación de la cubierta profunda que expuso la sabiduría de la CIA de la guerra contra las drogas y la cobertura profunda: la historia interior de cómo la DEA Inflicción, incompetencia y subterfugio nos perdió la mayor batalla de la guerra contra las drogas. Son ambos libros escritos por Michael Levine así como 'Undercover'1988. Explica la verdadera asociación entre su gobierno, narcotraficantes, criminales de guerra nazis y agentes de la CIA.

Claire Sterling dice en sus notas en su libro "Thieves World." Que Richard Levine fue el analista de la DEA en Washington.

## Capítulo 29
## ¿Quién era Barnabe Jurado?

LECCIONES DEL JURADO BERNABÉ (Partes 1 a 5).
Esquivel-zubiri.blogspot.com

Las primeras palabras son: Todos los estudiantes de derecho o personas que practicaban la ley en México sabían quién era el infierno Barnabé Jurado, era conocido por sus ilustres e inmemoriales actos. La prensa lo conocía como el 'Defensor del Diablo', el otro nombre que tenía era 'Abo-Ganster'

Tenía dos bufetes de abogados en la Ciudad de México; Sus conexiones lo llevaron a patrocinar a figuras públicas en el mundo de la política y del espectáculo e incluían a la mafia.

Con sus argumentos en casos polémicos, mantuvo a las personas acusadas de robo, fraude, asesinato, fuera de la prisión. Tenía amigos entre políticos, dirigentes sindicales, magnates de negocios, periodista, tenía jueces como amigos; Los contactos de Barnabe Jurado eran los fiscales y la policía. Sus contactos se extendieron por la Policía Judicial a la temida policía del Servicio de Seguridad Federal, estaban al servicio de los actuales presidentes. (Ver 'Qué círculo encontrar, para Fernando Gutiérrez Barrios, policía secreta de México).

Se sabía que Barnabé Jurado era un excelente orador; Le gustaba fumar y beber, consumía drogas. Su deseo por las mujeres lo puso en contacto con prostitutas y actrices conocidas en Hollywood.

Practicó leyes en Argentina, España y Cuba, así como en Estados Unidos y México. Con el apodo de 'Abo-Ganster' estaba entre los narcotraficantes y sus asesinos contratados. El presidente mexicano Lázaro Cárdenas del Río y el general 'Caudillo' Francisco Franco, dictador de España, le pagaron por sus servicios de consultoría.

Barnabe Jurado nació en 1909. Hijo de Miguel Jurado Aizpuru y doña Guadalupe Ángel Jurado, se encontraban entre las 300 familias aristocráticas que co-gobernaron con Don Porfirio Díaz, antes del estallido de la Revolución Mexicana. 1910.

Miguel Jurado La hacienda de Aizpuru 'La Hacied de Canutillo' fue sitiada en 1916. 'Francisco' Pancho Villa arrestó a Miguel Jurado Aizpuru, fue detenido por orden de la revolución al ser jefe de la División Norte. Miguel Jurado Aizpuru se negó a firmar su propiedad a Pancho Villa, quien lo hizo ejecutar. Su viuda y sus tres hijos tuvieron que huir; Huyeron a Parral para esconderse en las minas, donde Barnabe Jurado permaneció escondido durante cuatro años. Pancho Villa tomó la finca 'La Hacied de Canutillo' para usar como su hogar, donde Pancho Villa pasó los últimos años de su vida. El personaje de Barnabe Jurado se formó en los disturbios de la revolución mexicana.

Barnabe Jurado cortó en cuadritos para estudiar derecho como su padre no lo había reconocido como un hijo. Su padre había tenido muchos hijos fuera del matrimonio fue nombrado como una de las razones de su ejecución por Pancho Villa.

Barnabe Jurado estuvo presente en las corridas de toros en el 'Monument Plaza México' donde conoció a Jorge Negrete. (El Padrino de Katy Jurado, Jorge Negrete también ayudó a fundar la Unión de Producción Cinematográfica en México y la Asociación Nacional de Actores).

Barnabe Jurado también conoció a la actriz María Félix, que tuvo un matrimonio con Jorge Negrete y Aguistn Lara y fue amante del presidente mexicano Miguel Alemán.

Mario Moreno 'Cantinflas, (Oyó ese nombre antes?) También estaba allí, en las corridas de toros junto con el gobernador de Puebla, Maximino Camacho el Ministro de Comunicaciones y Obras Públicas.

La inversión pública se había multiplicado por diez en Pueble con el dinero ganado por la venta de petróleo a los estadounidenses hizo Maximino Avila Camacho el Ministro de Comunicaciones y Obras Públicas un contacto valioso. En los partidos ministros Barnabe Jurado conoció a la elite mexicana como Frida Kaho, cineasta de negocios 'Indio' Fernández.

Mario Moreno 'Cantinflas' como líder sindical para los trabajadores de la industria cinematográfica. Emilio Aracarraga Vidaurreta-XEW-Radio de la industria de la radiodifusión. Jorge Negrete y Pedro Armendáriz también asistieron a las fiestas. (Otro padrino de Katy Jurado!)
(Maximino Camacho, Ministro de Comunicaciones y Obras Públicas, a través de Barnabe Jurado en

prisión porque llevó a la esposa del ministro a la cama, Maximino Camacho el Ministro de Comunicaciones y Obras Públicas hermano fue el Presidente Ávila Camacho. La mafia y sus tratos con el gobierno corrupto.La Segunda Guerra Mundial estaba en marcha.Los nazis habían hundido los buques mexicanos.

Sinaloa México fue el principal semillero del opio en todo el mundo. A medida que las tropas estadounidenses se enfrentaban a los nazis ya los japoneses, cientos de miles de campesinos de Sinaloa se dedicaban a plantar y cosechar la droga. La justicia mexicana vio que millones de dólares fueron a aquellos que supuestamente protegían a la región de ataques nazis o japoneses, lo que realmente hicieron fue custodiar el camión lleno de drogas destinadas a los Estados Unidos. Barnabe Jurado tenía contactos con la policía judicial y los militares.)

Mario Moreno 'Cantinflas' (recordando que fue usado como un doble para el Che Guevara) pidió a Barnabe Jurado intervenir entre él y Susan Cora una actriz de la época. En este momento Barnabe Jurado conoció a su tercera esposa la hija del Embajador de México en Brasil, Don Chema Dávila.

Barnabe Jurado se destacó como el mejor abogado en todo México, ya que sus contactos con la Dirección Federal de Seguridad y su policía secreta vigilando a los enemigos de su régimen le dieron

ejes cotidianos al presidente alemán Miguel Valdez. (Fernando Barrios Gutiérrez).
Barnabe Jurado está viviendo y trabajando en un ambiente ganándole el nombre de defensor del diablo. De los casos de corrupción a ver asesinos no se recibieron frases. Y ver a los empresarios como los imperios de Emilio Azcarrage Vidaurreta podría expandirse.

Habiendo explicado que este hombre tiene conexiones en todas las partes interesantes de la nobleza mexicana a los señores de la droga y el negocio de entretenimiento, etc, etc

Barnabe Jurado fue el representante de Rosita Fornes en el divorcio de Manuel Madel, su abogado fue Víctor Velasquez. (Esto no valdría la pena mencionar si él no había sido el primer marido de Katy Jurado).

**MANUEL MEDEL contra ROSITA FORNÉS**

*tonypisani1.tripod.com/id129.html*
"*Bernabé Jurado*, asesino prófugo de la justicia mexicana, fue quien gestionó la ... ante quien Manuel Medel, por conducto de su abogado *Víctor Velazquez*, ...
Ninon Sevilla, Meche Barba, Rosita Fornes, Rosa Carmina and Maria Antonieta Pons.
Nota- Paco Ignacio Toibo 11 fue escritor y amigo íntimo de Gabriel García Márquez. Paco Ignacio Toibo 11 escribió sobre Che Guevara y Pancho Villa. Su nombre aparece en la siguiente dirección:

Fonfo de Cultur Economica. Información sobre la cultura de la economía.

**Revive El libro rojo - Fondo de Cultura Económica**

*www.fondodeculturaeconomica.com/.../Detalle.aspx.*
..
02.03.2009 - ... a *Paco Ignacio Taibo* ii, Eduardo Monteverde, Eduardo Antonio Parra, ... que va de 1980, con la muerte y asesinato de *Bernabé Jurado* (un ...

**Elegí la música, luego la historia y después los tragos - El País**

*elpais.com/diario/2009/.../1247263203_850215.ht...*
11.07.2009 - ... el sargento Quintero; el abogado de los bajo fondos *Bernabé Jurado*, ... y se empapó del detective Belascoarán, de *Paco Ignacio Taibo* II.

William Seward Burroughs-

**William S. Burroughs - Wikipedia, the free encyclopedia** ***https://en.wikipedia.org/wiki/***
*William_S._Burroughs*

*William Seward Burroughs* II (/ˈbʌroʊz/; also known by his pen name William Lee; February 5, 1914 – August 2, 1997) was an American novelist, short story ...

¿Qué tiene que ver William Seward Burroughs? Para empezar con Barnabe Jurado era su abogado. William Seward Burroughs necesitaba sus servicios con una carga de drogas, pero cuando estaba jugando "William Tell" con su esposa se arreglaron para despedir a su esposa en la frente!

¡William Seward Burroughs y sus nombres de abogados estaban todos en los periódicos! Con las palabras cleaver de Barnabe Jurado, Guillermo Seward Burroughs salió de la corte. Barnabe Jurado es el mejor abogado de todos los periódicos. ¿Dónde sucedió esto? Palacio de Bellas Artes.

Palacio de Bellas Artes-
**Hotel where Hemingway stayed in Mexico City - Lonely ...**
*www.lonelyplanet.com › ... › Mexico*
*110 Monterrey, where William S. Burroughs shot Joan Vollmer. And, of course, Palacio de Bellas* Artes, donde Mario Varga Llosa perforó a García Márquez, en lo que tiene que ser el único ...
http://www.cnn.com/2014/04/17/world/americas/gabriel-garcia-marquez-dies/ Lo conocí una vez, en una función en Ottawa.

(Palacio de Bellas Arts, 110 de Monterrey), donde William S. Burroughs fusiló a Joan Vollmer y, por supuesto, el Palacio de Bellas Artes fue el lugar donde Mario Varga Llosa sacó a García Márquez.

El estatus de abogado de Barnabe Jurado debe haber llegado a él cuando sintió la necesidad de un coche a prueba de balas; Este coche significaba tanto para él cuando un conductor entró en él Barnabe Jurado le disparó. El joven no murió de la construcción, sino de la garganta de la sangre. Como el tío del joven era el Jefe de Prensa de las Cámaras de Diputados, Barnabe Jurado sintió la necesidad de subir en un avión a Nueva York.

Después de una reunión con John Baker, un abogado estadounidense, se convirtió en asesor de la oficina de John Baker. Con su conocimiento de la ley mexicana podría ayudar a sus homólogos estadounidenses.

**¡Barnabe Jurado declara que es la hermana de Katy Jurado!**
**Palacio de Bellas Artes, donde Mario Varga Llosa perforó a García Márquez. Aquí es donde vivió Gabriel García Márquez.**

Donde residía Gabriel García Márquez -
De DEVON VAN HOUTEN MALDONADO
Noticias

Gabriel García Márquez, originario de Colombia, llamó a la ciudad de México hasta su muerte, criando a su familia aquí e integrándose a la comunidad de pintores, poetas y novelistas que trabajaban en la capital durante el siglo XX. En 1949, el beatwriter William S. Burroughs llegó a la ciudad de México a la fuga de la ley y terminó quedándose durante cinco años. Cuando su amigo Beat y su amigo Jack Kerouac vinieron a visitar a Burroughs, él también se quedó por un tiempo. Y el inglés Damien Hirst, el actual rey del arte contemporáneo, mantiene un estudio en la costa del

Pacífico mexicano y está representado por la Galería Hilario Galguera en la Ciudad de México.
Gabriel García Márquez vivía en el Palacio de Bellas Artes, y tenía una casa a la vuelta de la esquina.

¡Barnabe Jurado afirma que es el hermano de Katy Jurado!
Esta afirmación se puede encontrar en- esquivel-zubiri.blogspot.com

Y en la dirección de abajo, mira a quién le dijo esto, "una mentira de no" le dijo al general Francisco Franco. El líder y veterano de la Guerra Civil Española, el hombre más fuerte de España.

**Literary Outlaw: The Life and Times of William S. Burroughs**
*https://books.google.de/books?isbn=0393343243*
Ted Morgan - 2012 - Biography & Autobiography
Burroughs fue a ver a Jurado, un hidalgo guapo y flamboyante, que llevaba a cabo la corte en la Opera ... Su hermana era la actriz Katy Jurado. ... fuera de la cárcel en sus tierras nativas gracias a los esfuerzos de Bernabé Jurado-estadounidense número de chantajistas, ...

**Mexico City a refuge for persecuted writers - trivalleycentral ...**
*www.trivalleycentral.com/.../**mexico**.../article_c96d7*

05.03.2008 - *Mexico* City had just opened a safe house for persecuted writers, one ... Prize winner *Gabriel Garcia Marquez* to American Beat writer *William S.* ... "The sense of possibilities, whether *met* or not, are generally much ... just down the street from the former home of *Burroughs*, the author of "The Naked Lunch.
They're part of a long tradition of writers who have found refuge in Mexico City, from Colombian Nobel Prize winner Gabriel Garcia Marquez to American Beat writer William S. Burroughs, a fugitive from U.S. drug charges.

**EL ABOGANSTER: LA NOVELA SOBRE BERNABE ...**

*www.gandhi.com.mx/el-**aboganster**-la-novela-sobre...*
EL *ABOGANSTER*: LA NOVELA SOBRE BERNABE JURADO, EL PERSONAJE REAL QUE INSPIRO EL POPULAR APODO QUE ... Autor: *EUGENIO AGUIRRE*.

Acercarce a Susana Cora, implicaba también, llegar al hombre del poder.
esquivel-zubiri.blogspot.com

Vigésima Séptima lección e vida. "En determinadas situaciones que te pueden **...**
esquivel-zubiri.blogspot.com

Volviendo a Katy Jurado, su primo era Emilio Portes Gill. Fue presidente de México entre 1928 y 1930.
En 1929-
es.thefreedictionary.com/Emilio+Portes+Gil-

Esto nos dice que fue asociado con Bugsy Siegel. Fue enviado o su gobierno envió hombres para estudiar aviación e industria para los métodos más actualizados.

El Emilio Portes Gil Dicccionario de espanol / Spanish Dictionary states.

Las drogas eran legales en México en 1940, una de las razones era para poder ser exportadas a los Estados Unidos. Se supone que un italiano ha enseñado a los campesinos cómo cultivar la planta.

(Capítulo 26. Palacio de Bellas Artes- raíces de la mafia, Gabriel García Márquez, creador del Che Guevara).

Durante la Segunda Guerra Mundial, Barnabe Jurado vio cómo aumentaban los campos de adormidera, afirma que mientras miles de soldados estadounidenses se enfrentaban a los nazis ya los japoneses en la guerra, centenares si no miles de agricultores mexicanos de la región de Sinaloa participaban en la siembra y cosecha de la droga . Desde 1929 los gobiernos de México estaban más interesados en los aviones que en la construcción de caminos.

Barnabe Jurado también fue abogado de Bugsy Siegel!

**Francisco Rodriguez - El Heraldo de San Luis Potosi**

*elheraldoslp.com.mx/.../prensa-rosa-amarilla-de-rojillos-y-rojetes...*
26.06.2015 - Salvó al astuto penalista *Bernabé Jurado* acusado de posesión de ... del Hotel Flamingo's?, propiedad de *Bugsy Siegel*, uno de los mafiosos ...

La dirección muestra, la conexión entre dicho Che Guevara, Emilio Portes Gil y Barnabe Jurado. Fidel Castro. Katy Jurado. Y-

BANDERA ROJA: marzo 2014

banderaroja.blogspot.com

Fue lo suficientemente amable para darme un enlace a Che- agrego la traducción-

"Ernesto comenzó a trabajar en el Hospital Central del Distrito Federal, en el departamento de alergia. Con los amigos médicos ocupacionales, decidieron organizar un partido de fútbol, los singles contra los casados. Al final para celebrar un buen asado, que pavimentaría el Ernesto mismo cocinaría. El médico argentino había ganado entre sus colegas, la fama de buen asador. El evento gastronómico se realizó en la quinta casa del ex presidente mexicano Emilio Portes Gil, quien mató un toro para hacer a la parrilla. En la residencia del ex presidente en las afueras de la ciudad, de repente en el parque, un campo de fútbol a la disputa. Emilio Portes había invitado a esta actividad divertida, otros amigos personales para disfrutar del fútbol con amigos y un buen estilo barbacoa argentina. Después de comer comenzó las tostadas y felicitaciones a Ernesto por el asado que había hecho. Con varios vivos para el asador, Ernesto ese mediodía se había convertido en la figura de la reunión alegre y tonificada. Entre los presentes un cantante chileno que había venido a México, para darse a conocer fue. Se llamaba Luis Enrique Gatica Silva, "Lucho Gatica", sabiendo que al doctor Guevara le gustan los tangos, dedica varios de ellos. En esa tarde, donde vino y tequila inundaron toda esa atmósfera, Lucho Gatica estrenó las canciones y luego triunfó en México: "No me platiques" y "Te acostumbraste a mí"

**Amiga y enemiga de presidentes, líderes, militares y artistas - Proceso**
*www.proceso.com.mx › Archivo*
25.07.1987 - ... sus amigos de renombre, a Plutarco Elías Calles, *Emilio Portes Gil*, ... Guzmán, Carlos Serrano, *Bernabé Jurado*, Fernando López Arias, ...

Esta visión me informa que Emilio Portes Gil, Bernabé Jurado disfrutó de la música de los Bandidos, juntos!
:The Bandits had, among his friends renowned Plutarco Elias Calles, ***Emilio Portes Gil,*** Miguel Aleman, Adolfo Ruiz Cortines, Adolfo Lopez Mateos, Agustin Lara, Maria Felix, Marco Antonio Muniz, Alejo Peralta, Rogelio de la Selva, Luis N Morones, Fidel Velazquez, Rafael Camacho Guzmán, Carlos Serrano, ***Bernabé Jurado,*** Fernando Lopez Arias, Jose Garcia Valseca, Pedro Armendáriz, José Gómez Huerta, Alfredo Kawage, Antonio Diaz Lombardo, Pepe Jara, Alvaro Carrillo and many deputies, senators and governors, for whom she was a confidante and sometimes adviser.:

La misma dirección añade otro comentario útil:

: Bernabe Jurado, amigo de mi tía, una vez trajo a casa a cuatro cubanos que, más tarde aprendimos, eran compañeros del doctor Fidel Castro. Y poco después uno de esos cubanos llegó al doctor Castro, que era un hombre muy abierto, Nos dijo que estaba en México para estudiar para un maestro Meses después, Fidel Castro regresó a la casa con los recién llegados, los amigos de Cuba serán superados por los costos de Castro, no había suficiente dinero para pagar, pero no había ningún problema: Fidel Firmó a mi tía un cupón por 3.000 pesos.

Emilio Portes Gil era primo de Katy Jurado.
Bernabé Jurado dijo que era el hermano de Katy Jurado.
(Frank Sinatra dijo que quería tener a Katy Jurado como su amante, donde como Pablo Escobar dijo que era un mejor traficante de drogas que un cantante, ¡encontramos a Frank Sinatra y Marilyn Munroe cerca de los Kennedy!)

**Frank Sinatra was 'a good drug dealer' says drug lord Pablo Escobar's ...**
*www.dailymail.co.uk/.../**Frank-Sinatra**-better-**drug-dealer**-singer-...*
07.11.2015 - *Frank Sinatra* was 'a better *cocaine dealer* than singer': El hijo de Pablo Escobar hace una afirmación extraordinaria de que el crooner era su señor de la droga ...

## Capítulo 30
## Primer marido de Katy Jurado.

El primer marido de Katy Jurado fue Victor Velázquez, la información de su estrella de cine dice que quería ser actriz, como sus padres o abuela, dependiendo de la versión que está leyendo; No deseaba que apareciera en las películas. Ella evadió su control al estropear a un compañero de cine, el actor Víctor Velázquez; Él se dice que era algunos años mayor que ella.

¡Víctor Velázquez tenía un bufete de abogados! Fue un prominente abogado, en el escandaloso divorcio de Rosita Fornes y Manuel Medel; Era el abogado de Manuel Medel. El abogado de Rosita Fornes era Barnabe Jurado. (Quién ha declarado que era el hermano de Katy Jurado.)

**MANUEL MEDEL contra ROSITA FORNÉS**
*tonypisani1.tripod.com/id129.html*
"*Bernabé Jurado*, asesino prófugo de la justicia mexicana, fue quien gestionó la ... ante quien Manuel Medel, por conducto de su abogado *Víctor Velazquez*, ...

Rosita Fornes y Mario Moreno fueron casados por José Rubén Romero; A su vez fue embajador de México en Cuba, y su novela 'Pito Pérez' se convirtió en una película: en esta película actuó su joven relación César Romero junto a Katy Jurado; Jugaron frente a Mario Moreno. Barnabe Jurado jugaba contra el primer marido de Katy Jurado, Victor Velázquez, en el aparato de Rosita Fornes y Mario Moreno.

Una nota lateral a José Rubén Romero; Era consular general de México en España. Como miembro activo de la Liga de Escritores Revolucionarios; Él pagó un tributo a Manuel M Ponce. De quien Alfredo Guevara aprendió el oficio de productor cinematográfico. (Ver 'Hotel Nacional de Cuba.) Produjo la película' Torerro 'con Katy Jurado.

Rosita Fornes se puede ver con Mario Moreno. (Quién actuó como el doble de Che Guevara).

Rosita y Mario Moreno, "Cantinflas"

Rosita y Mario Moreno, "Cantinflas"
gumucio.blogspot.com

**Fragmento del libro: 'El abogánster ' - Excélsior**

*www.excelsior.com.mx/expresiones/2014/.../94522...*
23.02.2014 - ... en la que recrea la vida de *Bernabé Jurado*, 'El Abogado del Diablo' ... Derecho y ya había trabajado en el bufete de don *Víctor Velázquez*, ...

Esta dirección sugiere que Barnabe Jurado trabajó en el bufete de abogados de Víctor Velázquez.
Jurado Barnabe necesitaba ayuda, no está claro si ha hecho un intento en la vida de Pancho Villa o la propia bala de Pancho Villa llegó al techo de la Cantina La Opera. El resultado de este encuentro lo vio en su camino a Buenos Aires, en el exilio.

La dirección abajo menciona también la asociación entre Barnabe Jurado y Victor Velázquez. El primer esposo de Katy Jurado.

**La Ópera del Abogado del Diablo, parte II | El Economista**

*eleconomista.com.mx/.../opera-abogado-diablo-part...*
29.06.2014 - ... a *Bernabé Jurado*, el leguleyo más siniestro del siglo XX mexicano. ... Derecho y ya había trabajado en el bufete de don *Víctor Velázquez*".

## Capítulo 31
## La conexión de Jurado.

El Palaico Ballas Artes- la conexión Jurado comienza con Francisco Campo Jurado.

Francisco Field Jurado es asesinado: Se oponía a los ...

*www.memoriapoliticademexico.org/.../23011924.ht...*

Francisco *Field Jurado* es asesinado: Se oponía a los Tratados de Bucareli. Enero 23 de 1924. En las calles de la colonia Roma de la ciudad de México, es ...

Francisco Campo Jurado nació el 1 de abril de 1881 en Palisade Campeche. Se licenció en derecho el 28 de diciembre de 1907 en el Instituto Hearty. De 1910 a 1911 sirvió primero como Juez de Distrito y más tarde Civil. Durante el gobierno del Coronel

Joaquín Mucel, fue Secretario Principal y Secretario General del Gobierno en 1915. Tres años más tarde sirvió como Gobernador en funciones en 1918. Posteriormente fue senador por Campeche.

**Continuara el señor licenciado Vasconcelos en la secretaria ...**

*icaadocs.mfah.org/icaadocs/.../88/.../Default.aspx*
*Francisco Field Jurado* was murdered on January 23, 1924, on the corner of ... The changes wrought by *José Vasconcelos*' resignation from the Ministry of .

Este artículo expresa las opiniones expresadas por diversas instituciones en respuesta a la renuncia de José Vasconcelos a finales de 1923 como resultado de los crímenes cometidos unos días antes, particularmente la muerte de Francisco Campo Jurado, senador de Campeche. El presidente Álvaro Obregón se negó a aceptar la renuncia de José Vasconcelos y prometió que se habían tomado medidas para resolver los casos y dejar claro a su administración de cualquier participación en los asesinatos. A su vez, el presidente de la Universidad se alegró de que José Vasconcelos permaneciera en la facultad hasta el final del mandato presidencial de Obregón. La Federación de Estudiantes aplaudió la decisión de José Vasconcelos de dimitir por el asesinato de Campo Jurado.

Este artículo u otros no lo aclaran, si José Vasconcelos fue el responsable del asesinato de Francisco Campo Jurado. El acuerdo de Bucareli fue con los Estados Unidos de América. Francisco

Campo Jurado no estaba de acuerdo en que las tierras mexicanas fueran entregadas a otras manos.

José Vasconcelos - José Eduardo Vasconcelos fue un prominente político y abogado mexicano nacido en Oaxaca, miembro del Partido de la Revolución Institucional; Ocupó varios cargos de importancia. Fue partidario de la Revolución Mexicana desde su creación, al participar en el movimiento maderista como uno de los cuatro secretarios del Centro Antirreeleccionista de México. Fue nombrado co-director del diario El Antirreeleccionista por Felix F. Palavicini. Patrón de las artes.

No es de extrañar que se encontrara en el Palaico Ballas Artes- ¡Pero esto donde trabajó con Barnabe Jurado! Eran reconocidos abogados de la mafia.
Frank Jurado- Claire Sterling nos habla de él, en `Thieves World 'como José Franklin Jurado Rodríguez, se ve inofensivo; Tenía una Maestría en Economía, estudió en la Universidad de Columbia. Trabajó como investigador en la Escuela Kennedy de Harvard. ¡Y! Dirigió la mafia colombiana. (Véase el capítulo-¿Por qué se han mezclado sus identidades?).
General Jurado- (Véase el capítulo-¿Por qué se han mezclado sus identidades?)

Enrique Jurado Barrio se ajusta al perfil utilizado al afirmar que era un invitado en la casa de Guevara, inspiró al niño con historias de guerra. ¡Pero se parece al General Bayo! El entrenador utiliza para prepararse para la invasión del Granma.

Carlos Delmar Jurado- (Véase el capítulo-Qué círculo encontrar.)
Activo en el movimiento laboral mexicano representando a actores y trabajadores de producción. Fue miembro fundador de la STPC (Unión de Trabajadores de la Producción Cinematográfica) y director nacional de la ANDA (Asociación Nacional de Actores).
Carlos Delmar Jurado estuvo involucrado con los abogados Barnabe Jurado y José Vasconcelos en asuntos políticos en y alrededor del Palaico Ballas Artes.

Katy Jurado-Claire Sterling-Celia de la Serna-Anna Magnani-

Gabriel García Márquez es el hombre que los une a todos. Él vivió y trabajó en y alrededor del Palaico Ballas Artes, como lo hicieron. Necesitaba que creasen un nuevo orden.

**'Palicio de Bell Arts', donde Barnabé Jurado tenía sus oficinas, al igual que Emilio Portes Gil.**

Gabriel García Márquez era amigo del presidente Francois Mitterrand, que también tenía interés en el fallecimiento de Kennedy.

Y luego está-Riges Debray, él estaba con Fidel Castro a principios de los 60s. Riges Debray y Ciro / Che fueron juzgados en Bolivia en el momento de la muerte de la parte de Francois Mitterrand estaba preocupado por el caso judicial. Riges Debray se convirtió en asesor oficial de Francois Mitterrand. Su esposa Elizabeth Burgos-Debray estuvo involucrada con Rigoberta Mencha, Guatemala. Esta historia también ha demostrado ser una mentira, por David Stoll.

Ella es una traductora Gabriel García Márquez y un amigo cercano de Fidel Castro. La relación se explica mejor en "CIA-Lies-Terrorist-Che Guevara".

No olvidar a Mario Vargas Llosa, amigo cercano de Gabriel García Márquez y su esposa la boliviana Julia Urquidi. Nació en Cochabamba (Bolivia) en 1926, Julia Urquidi, escritora política y fue la primera esposa de Vargas Llosa. El matrimonio duró desde 1955 hasta 1964.

Después de divorciarse de Vargas Llosa, Julia Urquidi regresó a Cochabamba, su ciudad natal, donde trabajó como secretaria privada de la esposa del general Rene Barrientos, entonces vicepresidente de Bolivia. Fue presidente en el momento de la fiesta de la muerte !?

(Divertido lo cerca que están las rehijas.) (Divertido pensar que se suponía que se habían cuidado de la madre de Che en Paries.)

El escritor junto a Julia Urquidi en París, 1960

latercera.com
Todo el elenco involucrado en la elaboración del mito del Che Guevara está en 'Gabriel García Márquez creador del Che Guevara' la muerte en Bolivia fue el comienzo de la oleada mundial de cocaína. Establecer un nuevo orden mundial, Gabriel García Márquez, Fidel Castro, William Ayers, Gorge Bush estilo; Con los mejores de los mejores actores y productores de cine la mejor máquina de propaganda.

*Para entender Gabriel García Márquez se refiere a Bill Clinton en la película de Justin Webster sobre Gabriel García Márquez.*
*"César Gaviria - 01:21:45*
*"Él no buscó a cualquier presidente o figura política Tenía que ser algo parecido "*
*Bill Clinton - 01:21:55*
*"Hablábamos una vez sobre Castro y cuando él sabía que podría levantar el embargo. Y él dijo: "Castro sólo quiere dos cosas, yo le dije:" ¿Qué son estas cosas? "Quiere que prometas que si se levanta el embargo nadie intentará quitar la atención universal, la educación universal. Estoy de acuerdo con él y dijo que quiere que prometas que no permitirás que ningún cubano-estadounidense debilite sus posiciones contra los narcotraficantes.*

## Capítulo 32

Las verdaderas razones detrás de la falsa fiesta de la muerte de Che Guevara.

Este es un esbozo de quienes estaban detrás de la cobertura de la propaganda. Espero que vean la importancia de las palabras de Bill Clinton. Para descubrir que tu padre no era un héroe de tee-shirt, pero alguien involucrado en el lado oscuro del mundo de las drogas es un extraño giro del destino.

Es difícil saber por dónde empezar a desenrollar los entresijos de lo que estaba pasando en ese momento, públicamente y moralmente. La Segunda Guerra Mundial había terminado; Había un miedo real contra el comunismo.

El Presidente Truman creó en mayo de 1947 el Programa de Lealtad para empleados federales.

Los artistas fueron acusados de deslealtad; El Senador Joseph McCarthy llevó a cabo una cacería de brujas, los que no cumplieron fueron condenados a pasar un año en la cárcel y pagar una multa de $ 1.000.

En esta atmósfera, la película "High Noon", una película de 1952, se juzgó a favor del comunismo. Como tiene entre las estrellas Katy Jurado; Interesante si crees que ella jugó a la madre de Che. También hace el punto América estaba oprimiendo a sus artistas de cine y productores guionistas; Esto dejó caer la industria cinematográfica en las manos de gente como Gabriel García Márquez. Ya se ha

dicho que Cuba tomó el control de la industria cinematográfica.
*J. M. Caparros-Lera Sergio Alegre- Cinematic Contextural History of High Noon (1952, Dire Fred Zinnemann)*
Este artículo explica la atmósfera de la época. Hablo de esto para no explicar el miedo de la CIA al comunismo en Bolivia, sino para señalar cómo la industria cinematográfica cubana tomó una posición firme en los acontecimientos mundiales.

¿Por qué la fiesta de la muerte de Che en Bolivia? Si querías que lo mataran, podría haberle disparado a cualquier parte. Bolivia está en el corazón del continente productor de drogas. La fiesta de la muerte fue una señal para centralizar la guerra contra las drogas.

¿Sabía que la distribución de medicamentos aumentó después de este evento?

¿Sabías que ese contacto de Klaus Barbie fue Pablo Escobar? Envió cartas a Gabriel García Márquez por Fidel Castro.

¿Sabía usted que Fidel Castro tiene el récord de más intentos para asonarlo? ¿La CIA acaba de empañarlo?

¿Sabías que el asociado de Klaus Barbie era William Ayers? Ellos eran dueños de la compañía naviera Tranmaritima.

**Deckname Adler: Klaus Barbie und die westlichen Geheimdienste**

*https://books.google.de/books?isbn=310401826X*

Peter Hammerschmidt - 2014 - History

*Klaus Barbie* und die westlichen Geheimdienste Peter Hammerschmidt ... Kapitän *William Ayers*, damals Präsident der Ayers Steamship Company und mit ...

¿Sabías que el padre de la esposa de William Ayers, Leonard Boulin, era un agente cubano registrado? Kathy Boudin.

¿Sabías que William Ayers quería usar el héroe de camiseta como su estandarte? Su libro "Prairie Fire." Es un manifiesto comunista.

En "La verdad sobre el tiempo subterráneo" de Larry Grarthwohl puede confirmar la conexión de William Ayers con Cuba; William Ayers y su amiga Bernardine tenían estrechos contactos con el servicio de inteligencia de Castro.

William Ayers en una de sus reuniones de Weathermen dijo que los asesinatos de Kennedy eran una buena cosa,

William Ayers conocía al desertor comunista Ion Mihai Pacepa (capítulo veintiuno Gabriel García Márquez creador del Che Guevara). Ambos hombres comprendieron el papel de Lee Harvey Oswald en el asesinato de FJK.

Ahora tenemos más conexiones- Los eventos de la CIA

Colocación de los Castro en el trono de Cuba-
La invasión de Bahía de Cochinos-
El asesinato de Kennedy,
Colocación de Klaus Barbie en Bolivia-
La fiesta de la muerte de Che -
Sacando a Salvador Allende de su trono-
Funcionamiento 40-
Watergate-
Contras-

Los mismos nombres aparecieron una y otra vez: Oliver North, Klaus Barbie, Gabriel García Márquez. William Ayers, Los hermanos Castro, Felix Rodríguez, Georg W Bush.

La CIA estuvo involucrada en estos eventos. Che Guevara tenía el mismo nombre de código que Oliver North y Félix Rodríguez, y Ciro Bustos tenía un nombre de código que coincidir con Felix Rodríguez (Felix Ramos)

(¿Quién es Ciro Bustos- uno de los nombres que Che Guevara usó.)

(El Che usó más de veinte nombres diferentes).

George Bush- (fue vicepresidente y coordinador del Grupo de Trabajo sobre Drogas en 1984)

Esto explica la frustración de Michael Levine cuando la CIA bloqueó su trabajo para la DEA-Drug Enforcement Administration. 'La gran mentira blanca' la operación de la cubierta profunda que expuso el sabotaje de la CIA de la guerra contra las drogas '.

Hay muchos casos de traficantes de drogas que están siendo protegidos por el entonces gobierno. 'Dentro del Pulpo: la historia de Barry Seal de Preston Peet' tiene un buen ejemplo, hay una lista de personas conocidas por nosotros bajo el Barry Seal's Boss Hogs.

**How Nazi butcher Klaus Barbie helped kill Che Guevara and unleash ...**

*www.mirror.co.uk › News › World news › World War 2*

13.11.2015 - Getty German SS officer and Nazi *war* criminal Klaus Barbie (1913 - 1991) ... him into *Bolivia* where he helped hunt and kill the revolutionary *Che Guevara* . It was a ... Barbie was the ultimate partner in crime for the *drug* lords.

¡Sí! La CIA SABOTA la guerra contra las drogas. Por qué querían controlarlo.

(No olvides quién puso a Klaus Barbie en Bolivia, la CIA.)

(No se olvide quién estaba manejando la CIA- Gorge H W Bush)

(No olvide que Gabriel García Márquez escribió un libro "La CIA en América Latina").

(Traté de obtener una copia, pero este libro no está disponible)

Ahora puedes ver una imagen diferente emergiendo. Gabriel García Márquez tendría un gran interés en ver que las drogas de Colombia se movían en estos círculos, sin obstáculos. William Ayers estaba tratando de construir una doctrina demócrata sobre la base de Weatherman Underground, No vagabundearon Giangiacomo Feltrinelli; Ambos querían usar un héroe!

Bolivia es una tierra con vastas fincas para producir cocaína como lo ha hecho Columba. El Che no necesitaba interrumpir al gobierno, sino que felizmente los cambiaba, a veces tres veces al día. La gente no necesitaba ayuda ya que eran empleados en la producción de las drogas; Los presidentes bolivianos eran propietarios de las fincas. Bolivia necesitaba la ocupación de la droga para sobrevivir.

Klaus Barbie y William Ayers proporcionan el transporte, las armas fueron intercambiadas y la droga enviada a los EEUU; Tonelada tras tonelada tras tonelada.

Gabriel García Márquez no querría aumentar la guerra contra las drogas en Columba; La principal lucha por el poder tuvo que estar fuera de Columba, lejos de sus laboratorios de lucha contra la droga.

¿Se planeó la fiesta de la muerte como cobertura de propaganda para llamar la atención de la guerra contra las drogas?

Las razones para haber hecho esta investigación están en-

'Los Esplas Cia mentiras El Terroristas
Che guevara'

Rechazo cualquier queja, ya que repetidamente he intentado contactar por correo electrónico, carta o teléfono para pedir ayuda y consejo; Para usar material o fotos para presentar este estudio. Me encontraron un muro de silencio.
¡Una verdadera y honesta historia es el derecho de todo hombre, no una nube de propaganda!

En 'Anti-Castro y Cuba 109-12-210 parte 1-60' hay entre la observación muy interesante. Para explicar voy a volver el tiempo donde mi madre estaba con los miembros de las dichas planificadoras del viaje de Granma. (Espías-CIA-Mentiras-Terrorista-Che Guevara)

El entendimiento ha sido iniciar una revolución en Cuba. Vuelve esta idea, para decir que se haga cargo de Cuba; Qué mejor lugar, qué mejor isla para usar para el tráfico de drogas?

Señalo que el Campamento Santa Rosa fue propiedad de la familia de la esposa del presidente de México! Los miembros del campamento estaban preparando una toma de control no una revolución; Planificación de un gobierno.

En "Anti-Castro y Cuba 109-12-210 parte 1-60" los documentos muestran que el Che Guevara recibió la ciudadanía cubana. El documento también señala que a todos los miembros de la producción "Granma" también se les dio la ciudadanía, todos ellos sirvieron en el nuevo gobierno cubano.

Gabriel García Márquez estuvo detrás de este plan extravagante desde el principio. Fue un miembro destacado del gobierno colombiano, tenía conexiones muy estrechas con el gobierno mexicano. Ran producciones de cine y televisión, propiedad de los medios de comunicación más grandes. Gabriel García Márquez siempre estuvo cerca de Fidel Castro.

Puede parecer extraño agregar referencias a una introducción pero hay más conexiones que vienen para probar cómo Che Guevara fue creado.
Aída Sullivan - Wikipedia, la enciclopedia libre Https://es.wikipedia.org/wiki/Aída_Sullivan Aída Sullivan Coya (23 de abril de 1904 - 17 de agosto de 1975) fue la esposa del presidente Abelardo L. Rodríguez y primera dama de México entre 1932 y ...

Aida Sullivan Coya era esposa de Abelardo L Rodrigue, un presidente mexicano que envió a Emilo Portes Gil a estudiar aviación; Su primo era Katy Jurado, para quien Gabriel García Márquez escribió partes; Como la Madre del Che Guevara.